L'ART DE LA CONCENTRATION

« *Espaces libres* »

DU MÊME AUTEUR

Le Crépuscule tantrique
1. *Cent Douze Méditations tantriques* : Le Vijñâna-Bhairava, L'Originel, 1988.
2. *Cinq Visages de la Déesse*, Le Mail, 1989.
3. *Le bonheur est de ce monde*, L'Originel, 1990.

Pour l'Éveil, Le Cerf, 1989.

Le Chemin des flammes, essai d'autobiographie spirituelle, Éd. du Trigramme, 1993.
Tantrisme : doctrine, pratique, art, rituel, Dangles, 1994.
Le Yoga, en collaboration avec Tara Michaël, PUF, 2003.

Traductions de poètes latins :
Catulle, *Liber*, Orphée/La Différence, 1989.
Juvénal, *Satires*, Orphée/La Différence, 1992.

PIERRE FEUGA

L'ART DE
LA CONCENTRATION

Albin Michel

Albin Michel
▪ *Spiritualités* ▪

Collections dirigées
par Jean Mouttapa et Marc de Smedt

© Éditions Albin Michel S.A., 1992
22, rue Huyghens, 75014 Paris

www.albin-michel.fr

ISBN : 2-226-05969-5
ISSN : 1147-3762

« Le voyage de mille lieues commence par un pas. »

Lao-tseu
Tao-tö-king, LXIV
(trad. Liou Kia-hway)

« Le milieu mental doit être réveillé quand il est dissous. Il faut le calmer quand il se disperse et, de plus, le comprendre clairement lorsqu'il est plein de passion. Quand il est parvenu au calme, il ne faut pas l'agiter. »

Gaudapâda
Mândûkya-Kârikâ, 3-44
(trad. Patrick Lebail)

« Il faut sonder les choses en personne, s'épurer (comme un minerai), se polir (comme un miroir de bronze) : puis un beau matin on s'éveille. »

Lin-tsi
Instructions collectives, 20a
(trad. Paul Demiéville)

LA FLÈCHE ET LA CIBLE

Il existe beaucoup de livres sur la méditation, la contemplation, l'Éveil, mais assez peu sur la concentration proprement dite, pratique plus modeste sans laquelle, pourtant, aucun de ces états supérieurs n'est possible. Cela vient sans doute de ce que nombre de gens attirés par la vie spirituelle veulent brûler les étapes et en quelque sorte achever l'œuvre avant d'avoir perfectionné l'outil. L'outil, c'est ici ce que l'on appelle, d'un mot un peu barbare mais désormais reçu, le « mental » : lieu et instrument de toute notre activité psychique, à la fois consciente et inconsciente. Car le plus souvent nous ne pensons pas, nous sommes « pensés » ; et c'est à peine si nous nous rendons compte de ce qui nous occupe, tant les projets, les souvenirs, les mots

et les images se succèdent vite dans notre tête, se
chevauchent, s'entrecroisent comme s'ils vivaient
d'une vie aussi autonome qu'incohérente. Bien rare
celui qui peut décider à quoi il va appliquer
exclusivement son esprit, ne serait-ce qu'une heure,
et qui est capable de garder le cap sans distraction ni
trouble. Une telle intensité est possible « à chaud »,
peut-être sous l'effet d'une grande passion ou d'une
nécessité urgente. Mais, même alors, c'est qu'on
subit la situation plutôt qu'on ne la dirige. Cela n'est
pas la concentration choisie, calme, active dont on
veut parler dans ce livre.

Traitant du mental, nous serons souvent amené à
évoquer le corps : car entre l'un et l'autre comment
discriminer de façon absolue ? Comment espérer,
pratiquement, gouverner sa pensée si l'on est fati-
gué, malade, si l'on digère mal ou qu'on souffre de
démangeaisons ? Dans le yoga classique, qui a tant
développé l'art de la concentration, celle-ci s'intercale entre la discipline du souffle, elle-même consé-
cutive à la maîtrise des postures corporelles, et la
méditation proprement dite, recueillement parfait
d'un mental unifié sur un seul point [1]. Cette perspective est juste, cette gradation devrait être respec-
tée, même si l'on peut citer des cas d'individus qui,
favorisés d'une grâce exceptionnelle, n'ont pas eu à

---

1. Il est vrai que, dans les *Yoga-sûtra* de Patãnjali, *dhâranâ* (la
concentration) ne fait pas suite directement à *prânâyâma* (le contrôle du
souffle) mais à *pratyâhâra* (la « rétraction » de l'esprit comparée à celle
d'une tortue sous sa carapace). Mais cela est déjà la concentration, au
sens où nous l'entendons ici, ou du moins c'en est la porte immédiate.

passer par toutes ces étapes et semblent avoir atteint l'état suprême sans se plier à aucune ascèse traditionnelle. Il est bon de savoir qu'ils ont existé — afin de ne pas imaginer que l'accomplissement spirituel dépendrait de la seule volonté — mais opportun aussi de prendre sa propre mesure et de mettre un pied devant l'autre si l'on veut parvenir au bout du chemin.

L'intérêt de la concentration, c'est sa neutralité même : on peut l'exercer sans adhérer à aucune croyance, en étant religieux ou agnostique, pour conquérir la paix du cœur ou pour rendre son action plus efficace. Chacun peut choisir l'objet qui lui convient. Ce n'est point vraiment lui qui importe mais la qualité de notre attention, l'acuité de notre regard, notre capacité à le pénétrer et à nous fondre en lui. Nous venons, comme sans le vouloir, d'employer déjà une expression qui relève plutôt de la terminologie contemplative. C'est qu'en vérité il n'existe pas de solution de continuité entre une concentration menée jusqu'à son terme, jusqu'à une sorte d' « incandescence », et la méditation elle-même [1]. Celle-ci prolonge naturellement celle-là, de même que, s'il n'y avait pas le mot « frontière », on ne saurait pas toujours qu'on est passé d'un pays à un autre. Ce n'est qu'une question de degrés, il n'y

---

1. « La fixation de l'activité mentale sur un lieu circonscrit est la concentration » (*Yoga-sûtra*, III, 1). « Un flot continu de cognition centré sur ce point est appelé méditation (*dhyâna*) » (*ibid.*, III, 2). Vyâsa glose : « Un continuum d'effort mental pour assimiler l'objet de la méditation, libre de toute diversion. »

a pas de rupture ni de basculement avant du moins
cette expérience ultérieure de l' « Éveil », qui n'est
pas le sujet du présent livre. Se concentrer sur un
objet (extérieur ou intérieur), c'est chercher à le
connaître ; mais c'est surtout apprendre à se connaître soi-même ; c'est partir de deux pour arriver à un
ou, diront même certains, à zéro... Mais, en ces
pages, on évitera tout discours métaphysique. On
suggérera des pratiques empruntées à la vie quoti-
dienne autant qu'à la tradition. Celle-ci nous fournit
des repères très sûrs : il suffit d'appliquer et de
transposer. Depuis deux ou trois mille ans, rien n'a
été inventé en un tel domaine. Tout ce que pourrait
nous révéler de neuf la science moderne, c'est
comment cela se passe dans notre cerveau, chimique-
ment, bioélectriquement, quand nous nous concen-
trons ou méditons. Elle s'y intéresse déjà et sans
doute s'y intéressera de plus en plus, si elle réussit à
convaincre des yogin et des sages de se soumettre à
ses expérimentations.

On envisagera deux aspects principaux de la
concentration : l'une qu'on pourrait qualifier de
« régulière », c'est-à-dire pratiquée dans certaines
conditions de lieu, de temps, de position corporelle,
précédée ou accompagnée de certaines techniques
respiratoires ; et l'autre faisant face à la vie elle-
même, telle qu'elle se présente spontanément, dans
ses apparentes répétitions sans doute mais aussi
dans toutes ses variations et ses surprises. Ces deux
concentrations peuvent être exercées indépendam-
ment l'une de l'autre mais on observe qu'elles se

complètent et se servent pour ainsi dire de contre-épreuve mutuelle.

Alors qu'il existe des états spirituels « sans objet », à savoir immergés dans la vacuité pure[1], la concentration, elle, implique toujours un thème ou un support[2] : matériel ou subtil, externe ou interne, sensible ou intelligible. L'existence elle-même nous en offre sans compter — du moins du premier type — mais, dans la discipline assise, on devra proposer un choix. Ce petit livre ne prétend point passer en revue tous les objets de concentration possibles, il ne veut être qu'un « précis » et aura rempli son rôle s'il contribue à développer chez le lecteur non seulement la faculté d'attention indispensable, mais aussi l'audace, la créativité qui lui seront un jour nécessaires pour une plus haute expérience.

Dans les traditions orientales, l'apprentissage de la concentration est souvent comparé à celui du tir à l'arc. Arjuna, dans le *Mahâbhârata,* se voit mis en compétition avec d'autres princes par Drona, leur précepteur à tous. Un à un, les concurrents sont appelés à donner la description de la cible qui leur

---

1. Tant que cette vacuité néanmoins est conçue ou perçue par un sujet, par une conscience qui s'en distingue, elle est encore un objet. La vraie vacuité est « là où n'existe aucune chose » et donc *personne.* — Sur cette question, cf. plus loin, chap. III, p. 80-87.

2. La distinction entre thème et support peut se résumer ainsi : le thème est un objet de concentration qui présente une signification plus ou moins voilée (notion abstraite, image, *mantra, koan*). Le support est un simple point focal pour l'attention, sans signification particulière. Pour un choix éclairé de textes et de méthodes, cf. *La Découverte intérieure* de Patrick Lebail (Le Courrier du Livre, 1969).

est présentée : un oiseau dans son nid. Certains des jeunes guerriers décrivent le bouquet d'arbres, d'autres l'arbre lui-même ou la branche sur laquelle est posé le nid. Lorsque vient le tour d'Arjuna, il décrit en premier lieu l'oiseau ; puis il ne voit plus que sa tête, et à la fin il ne peut plus discerner autre chose que l'œil brillant du volatile, centre de la cible qu'avait choisie Drona.

Second exemple emprunté à la tradition taoïste [1] : l'archer Ki Tch'ang qui reçut de son maître cet enseignement : « Apprenez d'abord à ne pas cligner de l'œil, ensuite nous verrons comment tirer à l'arc. » Ki Tch'ang rentra chez lui, se glissa sous le métier à tisser de sa femme et suivit du regard le va-et-vient de la navette. Après deux ans de cet exercice, il ne cillait plus du tout, même si la pointe d'une alêne lui frôlait l'œil. Mais son maître lui dit : « Tu n'y es pas encore. Il faut maintenant apprendre à voir grand ce qui est petit, distinctement ce qui est invisible. » Ki Tch'ang suspendit alors à sa fenêtre un pou sur un fil de crin. Et, de l'intérieur de la chambre, il s'appliqua à regarder fixement la bestiole. Au bout de dix jours, elle semblait peu à peu grandir. Trois ans plus tard, elle apparaissait aussi grande qu'une roue de char, si bien qu'il finit par voir les autres objets aussi énormes que des montagnes. Il prit alors un arc et une flèche, et il tira. Il perça le cœur du pou sans rompre le fil.

1. Nous suivons ici la version du *Lie-tseu*, V, 15, trad. Benedykt Grynpas (Gallimard).

À ces deux récits qui paraissent prôner un exercice systématique et presque monstrueux de la volonté, un adepte du zen objectera peut-être que, dans le véritable tir à l'arc[1], la cible est atteinte sans avoir été visée, qu'elle ne saurait même être atteinte qu'à cette condition. Mais nous verrons que cette opposition assez académique entre méthode et spontanéité, entre effort et lâcher-prise se réduit assez souvent à une querelle de mots ou du moins renvoie à deux moments différents d'une *même* voie[2]. En vérité, et quel que soit l'avantage pédagogique qu'il y a parfois à le dissimuler, la liberté, la non-intention absolue, commence toujours par une intention ferme et résolue — ce que le *Traité de la Fleur d'or*[3] résume avec un humour mystérieux : « Intentionnellement, atteindre l'absence d'intention : alors on a compris. »

---

1. Lire à ce sujet le désormais classique *Zen dans l'art chevaleresque du tir à l'arc* d'Eugen Herrigel (Lyon, 1955).

2. Ce sont, dans les célèbres *Dix Taureaux* du maître ch'an Kakuan (XIIᵉ siècle), les deux étapes décrites comme « Domestiquer le taureau » (5) et « Le taureau transcendé » (7). Dans la première, « le fouet et la corde sont nécessaires, autrement l'animal pourrait s'écarter sur quelque route poussiéreuse ». Dans la seconde : « Sur le dos du taureau, je suis de retour à la maison. Je suis serein. Le taureau lui aussi peut se reposer... Dans ma chaumière, j'ai abandonné le fouet et la corde. » (Extraits de *Présence zen*, textes rassemblés par Paul Reps, Le Dernier Terrain vague, 1977.) — Dans un livre antérieur, *Pour l'Éveil* (Le Cerf, 1989), j'ai plutôt mis l'accent sur le second aspect de la voie et je reviens ici, pour ainsi dire, « en amont ».

3. On étudiera ce texte — belle synthèse du bouddhisme, du taoïsme alchimique et du tantrisme — dans la version française richement annotée par Pierre Grison (Éditions traditionnelles, 1970).

CHAPITRE PREMIER

LES CONDITIONS DE LA PRATIQUE

Le temps

Quand se concentrer ? On serait tenté de répondre abruptement : toujours. Mais, avant d'en arriver à cette disponibilité permanente, il faut souvent passer durant de longues années par une pratique régulière, circonscrite, méthodique. N'importe quelle période alors sera favorable, du moment que vous serez sûr, pendant un quart d'heure, une demi-heure, une heure, de ne pas être dérangé. Pour l'un ce sera le matin, pour d'autres l'après-midi, ou le soir, ou la nuit. Les deux principaux obstacles sont ici la paresse — celle qui nous persuade de remettre à un autre jour — et aussi, plus respectable, la fatigue. Un esprit surmené,

épuisé ne peut se concentrer. On doit alors chercher
le remède à la fois dans une meilleure hygiène de vie
et dans un examen sans complaisance de son emploi
du temps.

On entend sans cesse aujourd'hui des gens se
plaindre de « manquer de temps ». Ils ne voient pas
qu'ils pourraient en gagner beaucoup en rendant un
hommage moins assidu à la télévision, en raccour-
cissant leurs conversations, en cessant de s'inventer
quelques « obligations » inutiles. On ne prêche pas
à ce propos l'ascétisme, on suggère seulement une
certaine simplification de vie à celui qui voudrait
tout mettre de son côté pour suivre la voie tracée
dans ce livre. Même dans les milieux friands de
spiritualité, on observe une grande dispersion mentale. Conférences, entretiens, stages, séminaires,
chasse au dernier *guru* à la mode absorbent une
énergie qui ferait mieux peut-être de se tourner vers
une pratique plus solitaire et moins verbale.

Ayant choisi la période — celle où l'on se sent le
plus alerte, le plus frais pour le travail de concentration —, il sera bon d'y rester fidèle, du moins un
certain temps. Un conditionnement, mais au sens
positif du terme, se créera et l'on attendra avec joie,
sinon avec impatience, le moment de se retrouver,
chaque jour à la même heure, tête à tête avec soi-
même. Considérons ce rendez-vous comme une
discipline, si l'on veut, mais qui n'exclut pas le
plaisir d'une perpétuelle découverte. L'habitude
dont on parle n'est pas différente de celle du
musicien qui travaille son piano tous les matins et ne

s'en estime pas pour cela moins artiste ou moins inspiré. La concentration n'est qu'une technique, elle ne donne pas du génie. Mais le génie sans technique est peu de chose.

Par intervalles on pourra se sentir invité à pratiquer plus intensément, à déborder le cadre prudent qu'on s'était imparti. Il faudra répondre à ces appels car, lorsqu'ils sont authentiques, l'énergie nécessaire est toujours donnée en même temps. Il peut arriver aussi, à l'inverse, que toute l'énergie semble se retirer de nous et que, pour une durée plus ou moins longue, la concentration nous devienne impossible ou affreusement stérile, malgré nos efforts acharnés. Ces phases d'occultation sont d'autant plus pénibles à vivre qu'on ne leur trouve pas toujours une explication rationnelle. Elles ont pourtant le mérite de nous ramener à une certaine humilité et l'on peut en tirer profit si l'on a la patience de les accepter et de les observer sans justification ni condamnation de soi-même. Précisons toutefois que ces écarts affectent surtout les débutants et que, au fil des années, la pratique tend à se stabiliser. S'il y a alors « débâcle », elle est d'une tout autre nature et généralement annonciatrice d'un changement décisif.

Le lieu

L'idéal serait d'avoir une pièce spécialement réservée pour la pratique. À défaut, on choisira un

coin dans sa chambre, de préférence face à un mur
blanc ou à une surface unie, afin que le regard — si
du moins l'exercice implique que l'on garde les yeux
ouverts — ne soit pas attiré par une profusion
d'objets. La nuit, on pourra se contenter d'une
faible lumière mais l'on se défiera de l'obscurité
absolue qui incite aux fantasmes ou à la torpeur.
Certaines traditions recommandent de se tourner
vers l'est, d'autres vers le nord ou vers le sud. Ce
choix n'est pas indifférent mais n'a de valeur que si
l'on sait pourquoi l'on s'oriente ainsi. Il ne faudrait
pas le faire par simple superstition ou exotisme
intellectuel.

La concentration en plein air, par exemple à
l'ombre d'un arbre, à la vue d'un jardin, d'un lac ou
d'une montagne, peut aussi donner de bons résultats, à condition de ne pas être troublé par le vent, le
soleil, les insectes ou toute autre stimulation extérieure[1]. Si le spectacle est trop séduisant, il risque
en outre de nous faire glisser dans une sorte de
ravissement extatique, qui n'est pas vraiment le but
recherché ici. Pour un débutant tout au moins,
l'abri silencieux et neutre d'une maison reste préfé-
rable.

---

1. À moins bien sûr qu'on ne décide précisément de se concentrer
sur ces éléments naturels (couleurs, odeurs, sons, etc.), ce qui renvoie
plutôt au dernier chapitre de ce livre.

La position du corps

Rien ne vaut les positions corporelles que nous ont transmises les traditions orientales. Nous commencerons par en examiner quelques-unes mais en spécifiant dès maintenant que l'incapacité de les prendre ne disqualifie pas pour la concentration. Simplement, elles favorisent cette dernière parce qu'elles furent élaborées par des hommes qui connaissaient à fond la circulation de l'énergie dans le corps humain. La position des pieds, des mains, du bassin, de la tête, de la colonne vertébrale, tout y est réglé jusqu'au moindre détail comme dans un chef-d'œuvre d'architecture. La définition classique de l'*âsana* — la posture utilisée pour la concentration et la méditation — est « stable et confortable », aucune de ces deux exigences ne devant l'emporter sur l'autre. « Stable » ne signifie pas lourd ni stagnant ; « confortable » ne veut pas dire douillet ni alangui. Il faudrait parvenir à être droit sans raideur, ferme sans tension, détendu sans mollesse. Si l'on n'utilise pas un coussin (solution que nous envisagerons plus tard), on s'assoira sur une simple couverture pliée en quatre, sur un tapis ou, pour qui se voudra fidèle au yoga archaïque, sur une peau de bête.

De façon générale — chacun adaptant ce type de renseignements au pays où il vit, à la saison, à son tempérament individuel, etc. — on portera des vêtements amples, jamais serrés, bons conducteurs d'énergie, tels que coton, soie, laine. L'immobilité prolongée du corps ne le refroidit pas nécessairement, comme on pense le plus souvent, et elle peut même avoir l'effet contraire chez ceux qui possèdent la maîtrise de leur « chaleur interne ».

Il pourra être utile, pour trouver son centre d'équilibre dans l'assise, de balancer le buste plusieurs fois d'avant en arrière puis de lui faire décrire des cercles autour de la taille, lentement, attentivement, dans un sens et dans l'autre. On apportera le plus grand soin à s'installer dans la posture car la réussite de la concentration en dépend. De même, après la pratique, on veillera à ne pas s'arracher trop brusquement à l'immobilité[1].

Voici maintenant, dans l'ordre le plus habituel de difficulté décroissante, quelques positions du corps recommandables :

a – *Padmâsana* (japonais : *kekka*), la fameuse posture du Lotus, est malheureusement inaccessible à beaucoup d'Occidentaux, sauf dans l'enfance (où l'on n'est guère enclin à la concentration). Bien pratiquée, elle procure pourtant un bien-être

1. Voici, extraits du *Dhyâna pour les débutants* du grand maître Chih-Chi du Tien-Tai (Adrien Maisonneuve, 1951), quelques bons conseils : « D'abord détendre doucement l'esprit ; ensuite ouvrir la bouche et expirer l'air comme si l'on vidait chaque partie du corps avec ses artères et ses veines. Remuer le corps peu à peu, les épaules, les mains, le cou, les pieds jusqu'au moment où ils deviennent souples ; frotter doucement le corps, ensuite les mains, jusqu'à ce que la chaleur de la circulation soit ressentie. Alors seulement ouvrir les yeux et les frotter avec ses mains chaudes. Rester tranquille quelques instants et ensuite doucement se lever et partir. »

incomparable, sensation simultanée d'enracinement, d'épanouissement et de plénitude. La ferme ligature des jambes, en y réduisant la circulation du sang, provoque un afflux de celui-ci dans la région lombaire et dans l'abdomen. Les genoux et les chevilles — passé les premières douleurs — acquièrent de la souplesse. C'est une belle et forte posture qu'aucune autre ne peut exactement remplacer.

S'asseoir sur la couverture, les jambes allongées. Plier la jambe droite, prendre le pied droit dans les mains et le placer délicatement sur la base de la cuisse gauche, le talon aussi près que possible du nombril. Si le genou ne touche pas le sol, la suite de la posture est compromise et l'on fera bien de la différer ou de s'y préparer par un travail général de hatha-yoga. Si au contraire le genou droit s'appuie sur la couverture sans trop de peine, plier la jambe gauche, saisir le pied gauche et l'amener devant la jambe droite. Attendre le temps nécessaire pour relâcher les jambes, les hanches, le bassin, en y évoquant une sensation de légèreté, de « vacuité ». Expirer plusieurs fois profondément. Ensuite soulever le pied gauche, le passer *par-dessus*[1] le genou droit et le poser à la base de la cuisse droite. Les plantes des deux pieds sont tournées vers le ciel et, chez les personnes très souples, les deux talons touchent l'abdomen.

---

1. Si l'on amène le pied gauche *en dessous* de la cuisse droite, les orteils dépassant un peu sous celle-ci, c'est le demi-lotus (sanskrit : *ardha-padmâsana*, japonais : *hanka*), position évidemment plus facile.

La difficulté pour beaucoup n'est pas seulement de nouer les jambes de cette façon étroite mais de maintenir la colonne vertébrale bien verticale, ce qui n'est guère possible que si les deux genoux adhèrent au sol. Il convient en effet, dans cet *âsana* comme dans les autres, de bien ouvrir la poitrine sans arrondir le dos.

Le fait de placer la jambe gauche au-dessus de la droite est traditionnel en Inde pour le Lotus, sauf chez les hatha-yogin qui s'exercent volontiers dans les deux sens. Dans une perspective de concentration comme la nôtre, seule prévaudra la formule la plus confortable.

b – *Siddhâsana*, la posture des *siddha* ou des « parfaits », est hautement prisée dans la tradition hindoue, souvent même préférée au premier *âsana* que nous venons de décrire. On replie la jambe gauche et on garde le talon pressé contre le périnée, entre l'anus et les organes génitaux (ce qui est considéré comme fort important pour la stimulation de l'énergie). On ramène ensuite la jambe droite vers soi et l'on insère les orteils entre la cuisse et le mollet gauches[1]. Théoriquement, la malléole

---

1. S'asseoir *sur* le talon gauche serait une erreur. Dans le *siddhâsana* classique (posture que la stricte tradition réserve aux hommes), le talon droit se place contre l'os pubien, *au-dessus* du sexe. Lorsque les deux talons, réunis et posés l'un sur l'autre, pressent la région périnéale, l'*âsana* reçoit le nom de *muktâsana* (l'*âsana* « libre », parce que les organes génitaux se trouvent alors au-dessus des talons, « à découvert »). Inversement, si les deux talons, disposés comme il vient d'être dit, sont appliqués au-dessus de l'organe viril, cela devient *guptâsana* (l'*âsana* « caché » ou « secret »). Une autre variante encore consiste à

externe du pied droit se loge dans le creux de la cheville gauche. Après quelques tâtonnements, on trouvera la position juste et l'on emboîtera les pleins dans les vides. L'inconvénient, ici encore, est que souvent le genou droit de l'élève ne repose pas totalement sur le sol. Il en résulte une dissymétrie gênante qui retentit sur la colonne vertébrale et répand une irritation diffuse dans tout le corps. Mais avec quelques adaptations individuelles, comme on le verra, on peut remédier à cet inconfort et adopter *siddhâsana* pour ses exercices de concentration.

c – *Vajrâsana*, la posture du Diamant ou de la Foudre (double sens du sanskrit *vajra*), conviendra mieux à certains. Quelques textes la nomment aussi *virâsana*, position du héros (*vîra*), bien que nous préférions réserver cette appellation à une autre attitude décrite dans un chapitre suivant[1]. Elle est fréquemment utilisée, avec de menues variantes, au Japon ainsi que dans les pays de l'Islam.

S'agenouiller sur le sol en gardant les genoux serrés. Toute la longueur des jambes, depuis les genoux jusqu'aux orteils, doit toucher le sol. Écarter les talons mais garder les gros orteils en contact. De cette manière, quand on s'assoit sur ses jambes

---

insérer les orteils de *chaque* pied entre la cuisse et le mollet opposés (*swastikâsana*, la pose « favorable »). La position dite « de Burma » est celle où la seconde jambe, au lieu de se glisser à l'intérieur de la première, est simplement repliée et posée *devant* sur le sol. Enfin, les Indiens nomment *sukhâsana*, posture « facile », ce que nous appelons communément « le tailleur ».

1. Cf. p. 57, note 1.

en arrière, les fesses viennent se loger dans la corbeille formée par les deux pieds. Si l'on a les chevilles ou les genoux trop raides, on trouvera au début cela difficile : dans le premier cas, placer une épaisseur (coussin, couverture) entre le sol et les cous-de-pied ; dans le second cas, introduire un « tampon » analogue entre les cuisses et les mollets. Les personnes très souples, en revanche, poseront directement le séant sur le sol, entre les talons écartés, l'intérieur des mollets étant en contact avec l'extérieur des cuisses ; mais cela ne va pas sans danger pour les ligaments internes des genoux.

Vajrâsana est une posture solide et agréable quand on en a l'habitude, excellente en outre pour favoriser la digestion. Si l'on y reste trop longtemps, on peut avoir la désagréable surprise, quand on la quitte, de se sentir assailli par des milliers de « fourmis », voire, lorsqu'on se relève trop vite, d'éprouver l'impression que les jambes se dérobent sous les pieds. Il faut en effet laisser à la circulation le temps de se rétablir normalement dans les jambes comprimées et aider ce retour par des massages, des frictions, des mouvements d'orteils, etc.

d – Beaucoup de personnes, soit parce qu'elles trouvent trop difficiles les positions précitées, soit par convenance personnelle, font usage d'un *siège* pour leurs exercices. Cela au demeurant ne devrait pas effaroucher les puristes. La *Bhagavad-Gîtâ* elle-même recommande « un siège stable, ni trop haut ni trop bas ». Son avantage est de soulager la tension des jambes et d'assurer la rectitude de la colonne vertébrale par la surélévation du bassin. Ce peut être le traditionnel *za-fu* japonais ou un petit coussin rond et dur, bien bourré de kapok, que l'on aura confectionné soi-même, ou encore un petit banc de bois comme en utilisent certains moines chrétiens. Il ne faut pas mépriser ces aides ni les considérer comme d'indignes expédients. Les Japonais, par exemple, n'ont pas recours au *za-fu* par manque de souplesse mais parce que le maintien très spécial qu'il permet — reins cambrés, tête reculée à fond, nuque fortement tendue, assise ferme et héroïque — a pour eux sa vertu propre.

e – Reste enfin, pour les pratiquants auxquels une raison impérative interdirait toutes les positions précédentes, le recours à un tabouret, à un fauteuil ou à une chaise à dossier vertical. Dos bien appuyé (au besoin en plaçant sous les reins un petit coussin), corps plié deux fois à 90 degrés, cuisses horizontales, jambes verticales, pieds écartés de la largeur du bassin et plantés dans le sol, mains posées à plat sur les cuisses ou ouvertes vers le ciel : cette attitude hiératique, qui n'est pas sans rappeler celle des pharaons, peut fort bien s'adapter à la plupart des concentrations suggérées dans ce livre.

La position des mains

Si l'on n'a pas reçu d'instruction particulière d'un maître concernant la position des mains, on adoptera l'une des deux suivantes :

— Soit, dans *padmâsana, siddhâsana* et tous leurs dérivés, poser les mains sur les genoux correspondants, tourner les paumes vers le ciel et joindre l'extrémité des pouces et des index, les trois autres doigts demeurant tendus, joints et allongés vers le bas[1]. Ce petit cercle, cet anneau qui symbolise l'union du Soi universel (le pouce) avec la personnalité (l'index), s'appelle *jñâna-mudrâ* ou *chin-mudrâ*, le sceau de la connaissance ou de la sagesse. On peut le réaliser aussi bien en *vajrâsana* mais alors les mains seront posées sur les cuisses plutôt que sur les genoux, afin d'éviter une trop grande tension des bras. Quelle que soit la posture, ceux-ci, tout comme les épaules, devront rester bien détendus et l'on ne serrera jamais les coudes contre le buste.

— Soit, dans les mêmes positions, laisser reposer les deux mains devant l'abdomen, en appui sur les pieds ou sur les cuisses selon les cas. C'est généralement la paume droite qui soutient le dos de la main gauche ; les deux pouces sont en ligne horizontale, joints par les extrémités, ou bien forment un angle obtus ou encore adoptent une forme ovale, comme si l'on tenait un œuf entre les mains. Ce contact, on le verra plus loin, peut constituer un très bon support de concentration.

---

1. Certains préfèrent placer l'ongle de l'index au milieu du pouce, dans le pli de la phalange.

La tête et les yeux

Dans toutes les assises, on veillera à garder la tête droite sans la pencher d'un côté ou de l'autre, ni en avant ni en arrière. On doit obtenir la sensation qu'elle est tenue du ciel par un fil, et cette verticalité, « passive » en quelque sorte, se propagera tout le long de la colonne vertébrale qui paraîtra « pendre » jusqu'au coccyx. Il ne faut pas tasser les vertèbres ni creuser excessivement les reins mais imaginer tout cet axe comme un tube vide et lumineux à l'intérieur duquel monte et descend l'énergie. La pression du menton sur la gorge — obligatoire dans les longues rétentions de souffle pour empêcher notamment la pression de l'air dans les trompes d'Eustache — n'a plus sa raison d'être dans les stades mentaux du yoga. Relâcher les muscles du visage mais garder le bout de la langue en contact avec le palais. Éviter la raideur du cou, qu'il sera bon d'assouplir par des mouvements divers : lever et baisser le menton plusieurs fois, le tourner vers l'une et l'autre épaule, se « rengorger » à la manière des pigeons puis étirer le cou vers l'avant au maximum, dodeliner de la tête, décrire avec elle des cercles complets dans un sens et dans l'autre, etc.

La question de savoir si l'on doit tenir les yeux ouverts ou fermés dépend uniquement de l'objet de concentration choisi. Cela nous renvoie donc aux deux chapitres suivants. Mais puisque l'on examine ici l'aspect physique de notre sujet, précisons que, si l'on doit garder les yeux ouverts, cela peut entraîner un brouillard oculaire, un cillement incoercible ou des picotements désagréables. Il ne sera donc pas inutile, là encore, de fortifier les yeux par quelques exercices quotidiens : les déplacer verticalement, en haut et en bas, aussi loin qu'ils pourront aller (sans nécessairement les faire converger); les déplacer horizontalement le plus loin possible à droite et à gauche ; dessiner avec eux dans l'espace des carrés, des X, voire d'autres figures ; les faire tourner, dans un sens puis dans l'autre, en suivant avec la plus grande attention le bord des paupières. Après ces exercices, ou chaque fois qu'on éprouvera une fatigue oculaire, se frotter énergiquement les paumes jusqu'à ce qu'elles deviennent chaudes et les poser en coquilles sur les deux yeux fermés. Ressentir l'obscurité et laisser les yeux absorber la chaleur. Lorsqu'ils sont complètement relaxés, descendre les paumes sur les joues et, du bout des doigts, toucher, presser et masser délicatement les paupières closes et les orbites sur tout leur pourtour.

La préparation du souffle

Pour les débutants, le va-et-vient incessant, anarchique et souvent saccadé de la respiration constitue plutôt une gêne. Nous verrons dans un autre chapitre comment le souffle peut devenir au contraire un support privilégié et même l'objet exclusif de la concentration. Pour le moment, nous ne signalerons que quelques exercices préparatoires dont chaque personne appréciera s'ils sont bien adaptés à son terrain psychosomatique. Le premier, en tout cas, peut être pratiqué sans danger par tous. Le troisième peut convenir à la plupart, sous quelques réserves et avec quelques adaptations. Le second, beaucoup plus tonique mais exigeant une certaine dépense d'énergie, est contre-indiqué aux individus souffrant de troubles cardiaques ou d'affections pulmonaires, à moins qu'ils ne bénéficient de l'aide directe d'un expert en *prânâyâma*. Ayant déjà décrit deux de ces trois exercices en annexe d'un de nos livres[1], nous en donnerons ici une analyse un peu différente.

a – *Nâdî-shodhana* est un procédé destiné à purifier les *nâdî*, c'est-à-dire les conduits subtils d'énergie dans le corps humain, lesquels sont comparables mais non homologables aux méridiens de l'acupuncture. Même si l'on ne s'intéresse que médiocrement à l'énergétique indienne ou chinoise, on ressentira les bienfaits de cette méthode, non seulement d'un point de vue respiratoire et hygiénique (meilleur appétit, meilleure digestion, meilleur sommeil) mais sur les plans mental et nerveux. Ce *prânâyâma* tranquille, profond, équilibré amène tout doucement et naturellement à l'état de concentration.

---

1. *Le bonheur est de ce monde*, L'Originel, 1990.

S'asseoir dans sa posture favorite. Ouvrir la main droite puis replier l'index et le majeur vers la paume (*Vishnu-mudrâ*) : le pouce, demeuré libre, servira à boucher la narine droite ; l'annulaire et l'auriculaire fermeront la gauche[1]. On doit appuyer non les ongles mais la pulpe des doigts sur les ailes du nez, juste en dessous de l'os nasal.

L'exercice commence par une expiration profonde des deux narines. Puis inspirez par la gauche lentement, complètement, en bouchant la droite. À la fin de cette inspiration, fermez les deux narines, tenez le souffle deux ou quatre battements de cœur, pas plus, et, gardant la narine gauche obturée, expirez par la droite sans secousse et sans la moindre hâte. Une fois les poumons vides, après un temps d'arrêt, réinspirez à droite, selon les mêmes règles, et expirez à gauche. Réinspirez à gauche, etc.

Cela doit être pratiqué au moins cinq fois et beaucoup plus si on le désire, douze cycles représentant une bonne moyenne. Pour compter sans ennui, « marquez » les respirations avec la main gauche. À la fin de chaque cycle, au moment d'expirer par la narine gauche, on posera l'extrémité du pouce sur l'une des articulations interphalangiennes : d'abord la phalangette du petit doigt ; de là, au cycle suivant, le pouce glissera vers la phalangine ; ensuite vers la racine du même auriculaire. Après quoi l'on

---

1. Le jeu des doigts reste évidemment le même dans la variante, préférée par certains, où l'on appuie l'extrémité de l'index et du majeur entre les deux sourcils.

marquera les trois phalanges de l'annulaire, de haut en bas toujours, puis du médius, enfin de l'index, à l'achèvement du douzième cycle de respiration alternée.

Comme on l'a dit, il n'est pas nécessaire, surtout dans une perspective de concentration, d'observer de longues rétentions de souffle, à moins qu'elles ne se produisent d'elles-mêmes, sans effort. On peut se contenter de respirer régulièrement, en égalisant la durée de l'inspir et de l'expir (six battements de cœur au moins et, si possible, huit, dix ou douze). Un indice fréquent de réussite sera une sensation agréable de chaleur au visage. La légèreté du corps, la vivacité d'esprit résulteront d'une pratique assidue.

Un prolongement subtil de l'exercice consiste à l'exécuter sans l'aide des doigts. Nous ne garantissons certes pas que l'air pénétrera sur commande par une seule narine à l'exclusion de l'autre. Mais le seul fait d'imaginer ou de visualiser le souffle comme suivant le trajet précédemment décrit induira une remarquable et très fine qualité d'attention.

b – *Kapâlabhâti* (la « clarification du cerveau »)

Cet exercice est d'une tout autre nature que le précédent et ne doit être manié qu'avec précaution par les personnes non entraînées au hatha-yoga. Il peut se définir comme une alternance énergique d'expirations actives, brèves et même violentes, et d'inspirations passives, environ trois fois plus longues.

Se tenir dans une position assise particulièrement ferme, la colonne vertébrale bien droite, le thorax bombé et immobile pendant tout l'exercice, à l'exception des dernières côtes qui bougeront mais involontairement lors des contractions rapides des muscles abdominaux. Tout le travail en effet se produit dans cette seule région. L'air doit être expulsé puissamment, comme si l'on donnait des coups de boutoir avec l'abdomen. Une fois vidés, les poumons se rempliront d'eux-mêmes, par simple « retour ». Ces expirations forcées suivies d'inspirations naturelles seront répétées à un rythme très vif (au moins soixante respirations par minute et jusqu'au double). Mais il faut s'y habituer progressivement, en commençant par des séries modestes de dix ou vingt expulsions, intercalées de respirations normales. Sous ces conditions, le procédé est très bénéfique : il décape à fond les voies respiratoires, provoque un rejet massif de gaz carbonique tout en saturant le sang d'oxygène. Il tonifie le système nerveux et les organes digestifs (bien qu'il ne faille en aucun cas le pratiquer en cours de digestion). Quand on le maîtrisera sous sa forme classique, on pourra l'exercer par l'une ou l'autre narine séparément, ou bien — variante la plus efficace — le combiner avec *nâdî-shodhana* décrit plus haut : expirer et inspirer à gauche ; expirer et inspirer à droite ; expirer et inspirer à gauche, etc., toujours sur ce même rythme rapide et soutenu, plusieurs dizaines de fois selon les possibilités.

c – *Ujjayi* (« celui qui rend victorieux »)

L'intérêt de ce *prânâyâma* est qu'il s'accompagne d'un son caractéristique, éminemment favorable à la concentration. Ses effets énergétiques augmentent lorsqu'on s'y adonne sous sa forme intégrale (*pûrna-ujjayi*[1]) ou lorsqu'on l'associe à la pratique des *âsana,* comme c'est fréquent dans l'Inde du Sud. Mais à ce titre il fait partie de la tradition tantrique plutôt que du yoga méditatif. Nous en proposerons donc une forme atténuée, n'impliquant pas de rétention de souffle prolongée ni d'alternance de narines.

La respiration se fait lentement, très profondément, mais l'élément essentiel ici, tant à l'inspir qu'à l'expir, est une contraction partielle de la glotte destinée à freiner l'entrée comme la sortie de l'air. Par un effet de « friction », celui-ci produit un son sourd, uniforme, que l'on compare volontiers à ce bruit lointain d'océan que l'on croit entendre quand on applique son oreille à un coquillage. Il ne faut pas hésiter à emplir les poumons à fond, en laissant d'abord descendre le diaphragme mais sans ballonner le ventre qui doit rester contracté et contenir la poussée des organes ; puis en soulevant et en écartant les côtes au maximum ; enfin en gonflant la région subclaviculaire. Tenir alors un peu le souffle,

---

1. Dans celle-ci, l'inspiration se fait par les deux narines mais l'expiration par la narine gauche exclusivement. Entre les deux s'intercale une rétention de souffle qui peut aller jusqu'à plusieurs minutes et s'accompagne des trois contractions traditionnelles (gorge, abdomen, anus). En outre, on vise à atteindre une expiration quatre fois plus longue que l'inspiration.

contracter l'anus et l'abdomen fortement, ce qui déclenchera l'expiration accompagnée du même bruissement guttural (et jamais nasal). Il faudra expirer avec la plus extrême lenteur, en ne relâchant la pression que très progressivement et en gardant la colonne vertébrale toujours très tonique, les reins assez creusés. À la fin de cctte évacuation totale, attendre une ou deux secondes avant d'accueillir une nouvelle inspiration.

On pourra, avant ou après la concentration, effectuer une douzaine d'*ujjayi*. On y puisera de l'endurance et de la confiance en soi [1].

Obstacles physiques et ennemis intérieurs

Les plus sérieux obstacles à la concentration sont souvent d'ordre somatique plutôt que moral ou psychique. Irritations de la peau, digestion trop lourde, somnolence, protestation des chevilles, des genoux ou du dos qui acceptent mal la posture : quel pratiquant n'a pas un jour connu cela et n'en a pas déduit, à tort, qu'il était inapte à un travail spirituel ou que, décidément, ce yoga ou ce zen dont on nous rebat les oreilles ne valent pas qu'on leur consacre tout ce temps ! Quand la vague de découra-

---

1. Un des avantages d'*ujjayi* est aussi qu'il est l'un des seuls *prânâyâma* à pouvoir être pratiqué non seulement assis mais debout et même en marchant. En position couchée, les jambes surélevées de préférence, il soulagera les personnes souffrant d'hypertension artérielle et de troubles coronaires.

gement est trop forte, il faut la laisser passer ou bien, comme le conseillent volontiers les maîtres chinois, se lever et faire une bonne marche. Mais si enfin, sagement, on se résout à reprendre sa pratique, il conviendra d'examiner, point par point, ce qui ne va pas et comment y remédier : faut-il se nourrir autrement, en quantité, en qualité ? porter des vêtements moins serrés ou mieux adaptés ? se coucher un peu plus tôt ? éviter de pratiquer dans un état de trop grande excitation nerveuse, par exemple après un spectacle ou une conversation animée ? Devrait-on s'informer un peu moins de ce qui se passe dans le monde et un peu plus de ce qui se passe en soi ? Peut-on remédier à l'inconfort par des massages ou un assouplissement général du corps ? La difficulté de se concentrer tient-elle à une répugnance instinctive — d'ordre psychologique alors — ou à des blocages corporels provisoires, ou encore, ce qui est assez fréquent, à un mélange des deux : refus inconscient d'une part et « mal-être » physique d'autre part ?

À tant de questions, on ne peut donner une seule réponse. Il est certain que cette entreprise demande du courage, de la persévérance et aussi — ce qu'on oublie trop — de l'humour : celui de savoir rire de soi-même et de ne pas s'imaginer persécuté par les puissances infernales dès qu'une mouche vient se poser sur notre nez ou que nous éprouvons un besoin furieux de nous gratter le ventre.

Parmi les ennemis intérieurs — car nous en avons malgré tout, même si nous exagérons souvent leur

pouvoir —, nous n'en citerons que quelques-uns,
particulièrement coriaces :

a – Celui, déjà entrevu, qui voudrait nous persuader que tout cela ne sert à rien, ne mène qu'à
l'abrutissement ; que nous ferions bien mieux, en ce
moment, de lire un bon livre, d'aller au cinéma, de
boire un verre avec des amis ; bref, de vivre
« comme tout le monde ». Cet ennemi a tort ou peu
de mémoire car c'est précisément parce que nous en
avons assez d'être « comme tout le monde » que
nous sommes là, à nous astreindre à une discipline
aride ou fertile, selon les jours, mais dont nous ne
voyons pas encore l'aboutissement [1].

b – Celui qui, à l'inverse, nous berce dans
l'autosatisfaction sous prétexte que nous avons
obtenu quelques succès dans notre pratique. Nous
nous croyons déjà au bord de l'Éveil alors que nous
sommes tout juste sortis des sables mouvants et que
notre stabilité reste encore bien précaire. Cet
ennemi est aussi redoutable que le précédent parce
qu'il est porteur d'appréciation et de jugement. Or,
dans un tel travail, on ne devrait jamais se couper en
deux : moi qui me concentre et moi qui me regarde
me concentrer. Une telle dualité, si elle n'était

---

1. Un des arguments fréquemment utilisés contre la concentration et
les disciplines spirituelles en général est l' « ennui ». « S'asseoir et ne
rien faire, ne rien penser, quel ennui !... » On ne voit pas que cet ennui
lui-même est fabriqué par le mental qui veut nous détourner de notre
recherche pour une raison qui relève presque de sa « survie » : quand il
pressent qu'on va percer à jour tout son jeu, n'importe quel moyen lui
est bon pour détourner ou affaiblir notre attention.

purement fictive, ne ferait qu'accroître notre malaise. Seule la pratique importe, tout regard qu'on jette sur elle ne sert qu'à la troubler.

c – L'ennemi résigné, un des plus stupides. Celui-là, dans sa fausse intelligence, paraît tenir compte des excès d'interprétation des deux autres et se tenir loin du découragement comme de l'euphorie. Il nous susurre : « Soit, tu n'arriveras jamais à grand-chose. Mais continue tout de même, petitement. Ça ne fait pas de mal... on n'est que ce qu'on est... » Or cette entreprise demande bel et bien de l'enthousiasme et mieux vaut même, pensons-nous, un peu trop d'intrépidité qu'un défaut total d'ambition. Il faut y croire. Ceux qui ont atteint le but avant nous, ces sages dont l'ombre nous accable, avaient peut-être davantage d'opiniâtreté mais surtout davantage de chaleur, d'amour pour leur quête.

d – L'ennemi poltron, cousin germain du précédent, qui, ayant lu trop de mauvais livres occultistes, souhaite et appréhende à la fois une expérience surnaturelle. Lui aussi barbote en pleine dualité, ne voyant pas que c'est son esprit seul qui produit tous ces phénomènes plus ou moins étranges dont il se croit victime. « Et si ma *kundalinî* s'éveillait ?... Et si je ne pouvais plus revenir ?... » Revenir d'où, le malheureux serait bien incapable de le dire. Il craint toute fausse manœuvre, n'ose plus s'asseoir ni respirer et finalement abandonne son travail, en se persuadant qu'il l'a échappé belle et que « ces choses-là » sont bien dangereuses...

e – L'ennemi ou plutôt le faux ami apparemment

détendu, et très subtil en vérité, qui veut nous faire accroire, textes à l'appui, que l'illumination s'obtient sans effort, que les disciplines sont bonnes pour les ânes, que la Nature se charge de tout, que nous n'avons rien à faire, etc. Il faut écouter ce beau parleur avec politesse mais nous recroiser les jambes dès le lendemain sans faiblir. Car il nous ferait facilement perdre dix ans sous prétexte de les gagner.

f – L'ennemi indiscret : nous nous ouvrons à tout venant de notre pratique ou du moins nous voulons convaincre notre famille, nos amis de s'y livrer comme nous. Cette attitude peut provenir soit de la satisfaction généreuse, soit au contraire d'un doute secret, un peu à la façon des drogués qui voudraient que tout le monde se drogue. De façon générale, il n'est pas bon de se confier à des ignorants — les aimât-on beaucoup pour d'autres raisons — sur de tels sujets. On ne rencontrera que l'ironie, l'envie, parfois l'encouragement mais sans aide précise, le plus souvent de pseudo-conseils qui ne pourraient que nous perturber en vain. Si l'on ne travaille pas avec un instructeur, ou au sein d'un groupe fraternel et homogène, il faut accepter sa solitude et même savoir l'apprécier car ce peut être la plus grande force du monde.

La liste qui précède n'est nullement exhaustive. Le *Traité de la Fleur d'or* désigne comme les deux ennemis principaux : la distraction et surtout l'indolence. Mais il insiste sur le fait qu'on est souvent distrait ou indolent sans s'en apercevoir et que c'est cela surtout qui est dommageable : « L'indolence inconsciente est l'indolence véritable ; l'indolence consciente n'est pas l'indolence plénière, puisqu'elle comporte une part de lucidité. » Les *Yoga-sûtra* (1-30), de leur côté, citent parmi les obstacles à la recherche qui nous occupe : « la maladie, la paresse, le doute, la négligence, l'engourdissement, la non-renonciation [aux plaisirs mondains], la fausse connaissance, l'insuccès dans la pratique, l'échec dans le *samâdhi* [l'incapacité de se maintenir dans l'absorption spirituelle, ce qui dépasse déjà de beaucoup notre propos] ». Et Patañjali ajoute (1-31) : « La souffrance, la mélancolie, les mouvements du corps, la respiration (non maîtrisée) accompagnent la dispersion mentale » — pour nous proposer aussitôt, simplement et rudement, son remède (1-32) : « s'exercer sur l'objet unique ».

La question des tempéraments

Nous exposerons dans les chapitres suivants une assez grande variété de thèmes et de supports de concentration possibles. Néanmoins, nous devons répondre dès maintenant à une question que pourrait se poser le lecteur qui ne bénéficierait pas de l'aide directe d'un guide : lequel de ces thèmes choisir ? vers quoi m'orienter ? C'est ici qu'intervient la question des tempéraments individuels, le principe d'adéquation (*adhikâra*) dont les Indiens ont toujours tenu le plus grand compte.

On peut, d'une manière nécessairement sommaire, distinguer trois tempéraments de chercheurs :

a – Ceux en qui prédomine l'exigence intellectuelle, voire scientifique, qui ont besoin de comprendre avant de sentir et que les mots ou les idées attirent souvent plus que les images ou les mythes : on pourrait techniquement qualifier ces tempéraments de « secs », bien que, dans leur vie privée, les mêmes personnes puissent se révéler fort aimables et bienveillantes.

b – Ceux en qui prédominent la sentimentalité, l'émotivité, tempéraments qu'on appellera « humides » par opposition aux précédents. S'ils pratiquent une religion, ils seront avant tout séduits par son aspect rituel ou dévotionnel ou esthétique, par sa « forme » au sens large. Ils s'intéressent peu à la théologie ou à la métaphysique pure, quelquefois à la mystique mais sous son aspect plus « passif » qu' « actif ». Pour eux, souvent, connaître se résume à aimer.

c – Les tempéraments enclins à l'action, à la « réalisation ». On ne peut les définir comme « secs » ni comme « humides ». C'est l'énergie qui les fascine avant tout et la théorie pour eux doit assez vite déboucher sur la pratique. Ils veulent voir, toucher, posséder. En eux le « feu » l'emporte sur l' « air » et sur l' « eau ». Pour nous référer à la tradition hindoue, de tels êtres s'orienteront spontanément vers le *tantra* plutôt que vers le *vedânta*, le *jñâna-yoga* ou la *bhakti*.

On nous objectera que la plupart des chercheurs spirituels sont un mélange plus ou moins équilibré, fluctuant, évolutif des trois tempéraments ici évoqués. Cela est vrai mais il existe malgré tout généralement une prédominance, une « couleur » typique en chacun. Il faudra la respecter et ne pas vouloir s'imposer des concentrations trop éloignées de sa nature, même si l'on aspire à dépasser un jour cette dernière ou à devenir un être aussi « complet » que possible. Ainsi, une personne très émotive ou facilement angoissée évitera de se recueillir sur la Mort, sur le feu du Temps qui détruit tout, de visualiser son propre squelette, comme le recommandent certaines pratiques tibétaines, ou de contempler trop longtemps les terribles déesses, si chères au cœur du tantrique. Un esprit aigu, rigoureux trouvera un grand intérêt dans les *koans* zen ou dans la fameuse question de Râmana Maharshi : *Ko'ham*, « Qui suis-je ? » — énigme qui paraîtra tout à fait stérile et rebutante à un tempérament plus chaud ou plus imaginatif. Même le choix d'un support de concentration corporel, qui pourrait sembler neutre en lui-même, ne doit pas être laissé au hasard. Un familier du hatha-yoga pourra sans dommage fixer son attention sur le périnée, exercice qui réveillerait chez d'autres des fantasmes sexuels incontrôlables. Un *bhakta* n'aura pas la même perception de son « cœur » qu'un *jñânin*. Chacun, avec un peu de bon sens et d'intuition, s'orientera comme il faut, quitte à modifier plus tard sa direction en fonction de ses découvertes. L'expérience apprend toutefois que, lorsque l'élève a mis le doigt sur une méthode juste, bien adaptée à sa nature, il a tout intérêt à la garder et à la perfectionner sur une durée assez longue. Le seul danger pour lui serait de s'attacher à cette forme trop longtemps contemplée et d'oublier ce qu'elle désigne, confondant ainsi, comme dit le zen, « la lune avec le doigt qui montre la lune ».

L'état d'esprit

Quel que soit son tempérament, tout aspirant devrait aborder la concentration dans un esprit confiant, non avide de résultat[1], et avec une certaine distance, qui n'est pas mépris ni refoulement, par rapport à ses soucis habituels. « S'asseoir et oublier » (*tso-wang*), dit Tchouang-tseu[2]. Non pas peut-être oublier d'un coup, de fond en comble, son « moi », ce qui n'est possible qu'à quelques-uns ; mais au moins ne pas continuer d'entretenir sa pensée, de « gratter » son cerveau comme nous faisons tous plus ou moins par routine ou peur du vide. Chez les débutants, il est vrai que le simple fait de s'immobiliser, de se poser, a pour effet, automatique et irritant, d'exciter le discours intérieur au

1. « Il faut suivre sa résolution d'un cœur recueilli, sans souci du résultat : le résultat vient de lui-même. » (*Traité de la Fleur d'or, op. cit.*)
2. Et le zen, d'une manière encore plus concise : « seulement s'asseoir » (*shikan-taza*).

lieu de l'apaiser. Les psychologues nous diraient s'il s'agit là d'une sorte de « compensation » inconsciente. Mais ce phénomène bien connu peut servir d'argument contre ceux qui définiraient la méditation comme simplement « ne penser à rien ». Vouloir ne penser à rien crée un vide où tout s'engouffre aussitôt : souvenirs, projets, résistances et crispations multiples. On obtiendra généralement un bien meilleur résultat en donnant un aliment, *et un seul,* au mental ou encore, pour prendre une autre image, en assurant d'abord un *fond* solide à sa maison. Mettre le toit avant les fondations ou même, dans une exaltation prématurée, désirer quitter le toit pour s'envoler dans le ciel n'aboutit le plus souvent qu'à l'écroulement de tout l'édifice.

Ce que la concentration n'est pas

Il n'est pas aisé, surtout à ce stade de notre livre, de définir, à la fois dans toute sa richesse et dans tout son dépouillement, ce qu'est la concentration. Mais nous pouvons néanmoins préciser dès maintenant ce qu'elle n'est pas ou, mieux, ce qu'elle ne doit jamais devenir.

La concentration n'est pas réflexion, sinon en un sens très spécial qui relève presque du jeu de mots : dans cet état, en effet, l'esprit se « réfléchit » en lui-même, comme, selon l'image traditionnelle, « le ciel

serein sur la surface d'un lac[1] ». Mais il n'y a place
alors ni pour le raisonnement ni pour l'analyse. Le
mental est silencieux et s'interdit de nommer ce
qu'il observe. Tout effort intellectuel pour
comprendre l'objet ne ferait qu'agrandir la distance
entre lui et le sujet.

La concentration ne doit pas devenir non plus
investigation fiévreuse, même lorsque le thème
choisi, comme on le verra, comporte une énigme
apparente. Dès le départ de l'enquête, le policier
connaît le coupable : lui-même, à savoir le mental,
l'ego. Tout ce qui lui est demandé est de faire passer
cette connaissance de la théorie à la prise de
conscience effective et plénière. Coup de théâtre : le
jour où il « arrêtera » le voleur, lui-même disparaî-
tra en tant que tel !

La concentration est encore moins transe, hyp-
nose, catalepsie ou autres états qui supposent une
perte plus ou moins profonde de la conscience, une
dislocation plus ou moins grave de la psyché. La
sensation que donne une concentration réussie n'est
pas qu'on est parti « ailleurs » mais bien au
contraire qu'on est enfin « dedans », en soi.

Dernière équivoque à dissiper : celle concernant
le pouvoir, ou plutôt la relation entre la concentra-

1. Il est vrai que ces termes sont plus généralement appliqués à la
méditation ou à la contemplation mais, on le sait, il n'existe qu'une
différence de degrés entre ces états et la concentration proprement dite.
La méditation n'est que la concentration stabilisée, de même que le
filament d'une ampoule électrique parcourue par un courant régulier
répand une lumière constante.

tion et le pouvoir, en entendant ce mot au sens le plus large. Il est facile d'observer que tous les êtres possédant un réel pouvoir en ce monde sont, par complexion naturelle ou par entraînement méthodique, aptes à concentrer leur esprit, ou leurs énergies si l'on préfère, sur un seul but. Cette unification mentale qu'ils ont su réaliser en eux-mêmes, pour le meilleur ou pour le pire, agit comme un aimant sur les autres, sur tous ceux qui n'ont pas de volonté propre, d'ambition assez puissante et vivent sur un mode éparpillé et passif. Allant plus loin, on peut constater que certaines facultés paranormales, pour ne pas dire magiques, se sont révélées ou développées chez quelques-uns par l'exercice systématique et intense de la concentration, comme si celle-ci, à un stade avancé, avait le pouvoir de réveiller dans notre cerveau de vastes « zones dormantes ». Quel que soit le goût du merveilleux que nous avons tous plus ou moins, essayons pourtant de garder les pieds sur terre. Par la concentration régulière on peut obtenir un esprit clair, souple, lucide, qui ne se laissera ni troubler ni manipuler facilement : c'est déjà beaucoup. Et cela vaut peut-être mieux que ces pouvoirs mirobolants que d'aucuns s'efforcent d'acquérir à grand-peine.

CHAPITRE II

LES OBJETS EXTERNES
DE LA CONCENTRATION

N'importe quel objet perçu par les cinq sens peut être « mentalisé », recréé intérieurement en image ou bien réduit par l'intellect à un concept, à une essence, à une « idée » au sens quasi platonicien. Inversement, tout objet mental peut acquérir par la concentration de la pensée une espèce de « forme », de densité, de présence qui, pour ainsi dire, le « corporifie » et, à la limite, le vitalise. On voit par là que la distinction entre objets internes et objets externes ou encore, pour nous référer de nouveau à Platon, entre le monde sensible et le monde intelligible, n'est pas aussi tranchée qu'il y paraît à première vue. Un *mantra*, par exemple, peut commencer par être énoncé audiblement et, sous cette forme, on le qualifiera d'objet sensible. Mais si

le même son, par la suite, est répété silencieuse-
ment, dans le recueillement de l'esprit, on dira qu'il
a changé ou « monté » de plan. De même, on
classera comme « externe » un point de concentration corporel comme le cœur, bien qu'il se situe à
l'intérieur de l'organisme et puisse devenir le lieu
mystique des plus hautes réalisations. Pour prendre
un dernier exemple, le souffle peut être observé
dans son processus purement physique, dans sa
rumeur, dans sa longueur, dans sa puissance et sa
durée, en un mot en tant que « respiration » — ou
bien il peut être complètement intériorisé et trans-
muté en énergie spirituelle dont les deux qualités
essentielles sont la chaleur et la lumière : ce que les
Chinois appellent « souffle embryonnaire » ou
« prénatal ». Mais cela ne devrait pas étonner : que
l'on parte du corps, on aboutira toujours à l'esprit ;
que l'on parte de l'esprit, on sera toujours renvoyé
au corps. Ce n'est pas que notre réalité soit double
mais elle possède deux aspects réversibles.

Objets visuels

La forme la plus normative de la concentration
visuelle est l'exercice appelé en sanskrit *trâtaka*. La
Hatha-yoga-Pradîpikâ (II, 31) en donne la définition
suivante : « Fixer d'un regard immobile, l'esprit
calme et concentré, un objet très menu, jusqu'à ce
que les larmes jaillissent. » Il est censé préparer à
une pratique ultérieure, nommée *Shâmbhavî-mudrâ*

ou *Bhairavî-mudrâ* selon les textes, où les yeux resteront ouverts et le regard fixe mais où l'attention, malgré les apparences, sera tournée entièrement *vers le dedans.*

Quel peut être cet objet « menu » ? Une pastille de couleur appliquée à un mur ; la flamme d'une bougie ou d'un cierge suffisamment élevés pour qu'elle se trouve dans le prolongement du regard[1] ; l'image réduite d'une déité ; le *tilâka*, la marque rouge placée entre les sourcils d'un personnage divin ; le détail d'une icône. Ce peut être, plus simplement encore, l'arête du nez ou le bout du nez du pratiquant ou son propre espace intersourcilier — méthodes courantes en Asie mais que nous hésiterions à recommander à un débutant en raison de l'excessive tension cérébrale qu'elles risquent d'entraîner. Un procédé plus doux nous semble de laisser les yeux se poser par terre sur un point déterminé, faisant avec le sol un angle d'environ 45 degrés[2].

L'efficacité de ces diverses concentrations à yeux

---

1. Râmakrishna conseillait cet exercice aux novices : « Le moyen le plus facile de concentrer sa pensée est de contempler la flamme d'une bougie. La zone bleue intérieure est le corps causal. Si l'on fixe son esprit sur elle, la concentration est vite obtenue. La zone lumineuse qui enveloppe la flamme bleue est le corps subtil et la partie tout extérieure représente le corps grossier » (*L'Enseignement de Râmakrishna*, 888, Albin Michel).

2. Le *Yoga-Vâsishtha* prescrit de fixer le regard non sur la pointe du nez elle-même mais « dans l'espace pur à douze doigts des yeux dans la direction du bout du nez ». C'est le *dwâdashânta* externe, dont nous reparlerons p. 83-84.

ouverts est de prévenir la somnolence chez l'adepte.
On reste intensément présent, vigilant, lucide, en se
refusant toute pensée discursive, toute cogitation à
propos de l'objet contemplé, en n'étant *que* regard.
Chez quelques-uns en revanche, la fixation prolongée peut provoquer, en plus des troubles oculaires
déjà mentionnés (encore que la vue puisse aussi
beaucoup s'améliorer par cette pratique), une certaine « auto-hypnose », une pétrification mentale
que l'on prendrait à tort pour une absorption
méditative.

Lorsque le regard n'est pas fixé sur un point
précis mais sur une surface étendue, par exemple un
mur blanc et lisse[1], voire sur un espace illimité
(désert, océan, ciel), le danger est peut-être moins
grand. Le *Vijñâna-Bhairava*, en plusieurs versets,
nous invite à de telles concentrations[2] :

« Que l'on fixe un regard que rien n'arrête sur un
horizon dénudé, sans arbre, sans montagne, sans
mur ni autre obstacle : alors la pensée se résorbera
et l'on deviendra libre de toute fluctuation » (37-*60*).

1. Cette contemplation du mur, appelée *pi-kouan* en chinois, semble
remonter à Bodhidharma, l'introducteur indien (ou perse ?) du bouddhisme ch'an en Chine et le premier patriarche de cette école dans
l'Empire du Milieu (on lui attribue également la transmission de
certaines techniques martiales). Elle est pratiquée de nos jours encore
par l'école Soto du zen japonais.
2. Chaque fois que nous citons des versets du *Vijñâna-Bhairava* en ce
livre, nous mentionnons deux chiffres : le premier en romain renvoie à
la numérotation que nous avons personnellement adoptée dans *Cent
Douze Méditations tantriques* (L'Originel, 1988) ; le second en italique se
réfère à l'édition de Lilian Silburn (E. de Boccard, 1961).

« Splendeur bhairavienne ! On y parviendra sur l'instant si, contemplant un ciel immaculé, tout son être immobile, on y plonge un regard sans défaillance » (61-*84*).

« Ou encore, durant une nuit noire, à l'approche de la nouvelle lune, que l'on évoque avec insistance l'essence ténébreuse [c'est-à-dire que l'on se concentre visuellement sur le noir de la nuit] » (64-*87*).

On suivra plus prudemment ce tantra lorsqu'il nous convie à nous tenir « au-dessus d'un puits très profond, les yeux fixes » (92-*115*) ou même quand il préconise de « plonger le regard dans une cruche, un vase ou tout autre récipient mais sans prêter la moindre attention à ses parois » (36-*59*). Ces méthodes ont pour but non dissimulé de faire réaliser l'expérience de la vacuité, thème dont nous traiterons dans un autre chapitre mais qui ne s'intègre pas nécessairement dans la perspective du pratiquant. Le génie de ce texte, quoi qu'il en soit, est de savoir nous faire glisser en permanence du dedans au dehors, du plein au vide, en dépassant l'habituelle contradiction entre « extase » et « enstase ». On appréciera toute la subtilité d'une instruction comme celle-ci : « Si l'on concentre son regard sur un objet quelconque et qu'ensuite, très lentement, on l'en retire, la connaissance de l'objet ne subsiste plus que dans la pensée » (97-*120*). On perçoit comment peut s'opérer le passage de la vision physique à la visualisation mentale. C'est après avoir travaillé avec assiduité la première qu'on

accédera à la seconde sans trop de peine. La
concentration visuelle, entendue en son sens le plus
immédiat, accroîtra grandement la puissance d'attention et la faculté de créer et d'animer des images
intérieures.

Sons et silences

La musique peut-elle mener à l'état de concentration ? C'est l'évidence. Mais peut-on pratiquer sa
concentration en écoutant de la musique ? C'est
moins sûr et peu recommandable au début. L'expérience décisive pour le novice nous paraît en effet
celle de l'immobilité et du silence. Elle marque une
rupture délibérée avec le monde profane, celui des
bruits et des mouvements. Certaines musiques
sacrées d'Orient ou d'Occident, certaines œuvres
sans visée religieuse, même, ont assurément la vertu
d'élever l'esprit tout en contenant ou canalisant les
émotions qui seraient ici le grand obstacle. Mais
elles peuvent servir tout au plus d'adjuvant provi-
soire, occasionnel, et non faire l'objet d'une concentration méthodique et répétée. Elles trouveraient de
toute façon mieux leur place dans le dernier chapitre
de ce livre, celui consacré à la vie en général et à l'art
en particulier comme sources du recueillement
intérieur [1]. De même on ne peut mentionner qu'en

---

1. On notera d'ailleurs que le *Vijñâna-Bhairava* insiste toujours
moins sur le son lui-même que sur le *silence* qui succède au son. Ainsi le
verset 18 (*41*) : « Si, indifférent à toute autre chose, on suit attentive-

passant certains supports auditifs que l'on découvrira spontanément si l'on vit dans la nature : la rumeur de la mer, le grondement d'une cascade, le bourdonnement des abeilles, le vent dans les arbres, le cri d'un oiseau, le chant de la pluie sur un lac, le son lointain d'une cloche.

On s'étendra un peu plus longuement sur ce qu'il est convenu d'appeler *mantra,* ces formules sacrées parfois dénuées de signification intelligible mais qui possèdent une remarquable puissance vibratoire et énergétique. La tradition considère néanmoins qu'elles sont inefficaces, « endormies », tant qu'elles n'ont pas été vivifiées et transmises directement par un *guru*[1]. Celles que l'on pourrait pêcher dans un livre — sans être bien certain au demeurant de leur prononciation exacte — seraient donc moins dangereuses qu'inutiles et vides. Fait exception la syllabe fondamentale OM (AUM) qu'on pourra répéter audiblement au début de la concentration puis que l'on intériorisera, synchronisant chacune de ses répétitions silencieuses avec les battements du cœur. Il est une autre famille de *mantra* traditionnels que nous croyons personnellement utilisables parce qu'ils possèdent un haut pouvoir de stimulation spirituelle, même pour un non-Hindou : ce sont les

---

ment les sons prolongés d'instruments à cordes, ou autres, à la fin de chaque son, la splendeur infinie du firmament se déploiera. »

1. Il faut en outre que la tradition orale du *mantra* n'ait jamais été interrompue depuis le premier « Voyant » qui en a eu la perception directe. On ne peut pas faire revivre un *mantra* dont la transmission a subi une éclipse.

ko'ham-so'ham-na'ham préconisés par **Râmana Maharshi**, mais nous en parlerons plus volontiers au chapitre des concentrations « internes ». On traitera aussi un peu plus loin, à propos du souffle, d'un des trois termes de cette triade : le *so'ham*, qui s'adapte merveilleusement à la respiration.

Supports tactiles

On pénètre ici dans le champ peut-être le plus vaste, le plus riche des concentrations sensorielles. En effet, il n'est pas un seul endroit du corps humain qui ne puisse servir de point d'ancrage pour l'attention. Mais tous n'ont pas la même vertu d'apaisement ou d'unification. Souvenons-nous en outre que l'on n'aborde en cette partie du livre que des exercices à pratiquer en position assise : cela exclut presque à coup sûr tous les endroits du corps situés dans les membres inférieurs, lesquels se trouvent noués ou fortement comprimés par les postures déjà décrites. Pourtant, dans d'autres attitudes corporelles, la concentration sur la plante des pieds, par exemple, ou sur les genoux pourrait donner des résultats très favorables [1]. Voici donc un

---

1. Il est une posture assise très intéressante néanmoins que pourraient travailler certains : on l'appelle tantôt *virâsana* (comme le *vajrâsana* décrit p. 25), tantôt *gomukhâsana* (« mufle de vache ») : on plie la jambe gauche en arrière de façon qu'elle repose à l'extérieur de la fesse droite, avec le talon gauche bien serré contre la cuisse opposée ; on croise ensuite la jambe droite par-dessus la gauche et l'on amène le talon

choix, plutôt qu'une liste exhaustive, de supports tactiles :

a – *Le périnée* ou *centre coccygien* (sanskrit : *mûlâ-dhâra* ; chinois : point *hui-yin*). Comme on l'a déjà suggéré, cette concentration devrait être réservée aux personnes engagées dans un travail d'énergie, tel que le tantra ou l'alchimie intérieure taoïste. Chez elles — du moins si elles sont réellement qualifiées pour cette voie — le contact avec la « base », la « racine », le *yin* absolu, n'éveillera point de trouble sexuel mais sera au contraire un facteur d'équilibre et de fermeté. Si elles sont attirées par les visualisations, elles pourront associer celle d'un carré jaune — symbole de la Terre — à la perception de ce *chakra*, voire d'autres éléments symboliques. Les aspirants n'ayant pas la même vocation « alchimique » (ceux que nous avons quali-fiés plus haut de tempéraments « secs » ou « humides ») feront bien de négliger cette concen-tration, sans pourtant — ce qui n'est que trop humain — porter un jugement dépréciatif sur ceux qui en tirent bénéfice.

b – *Le nombril.* Cette concentration a un caractère plus universel et moins périlleux que la précédente. Elle fait d'ailleurs partie non seulement de la tradition yoguique de l'Inde mais aussi de l'oraison

---

droit en arrière de manière qu'il repose à l'extérieur de la cuisse gauche. On maintient le buste, la tête et le cou en ligne droite et l'on applique les paumes sur les plantes des pieds nus, ce qui constitue un très agréable support de concentration.

hésychaste orthodoxe. On ne la confondra pas tout à
fait avec les techniques chinoises et japonaises, le
dan-tian (« champ de cinabre [1] ») ou le *tanden (hara)*
étant situés non pas au nombril même mais à trois
pouces *en dessous,* voire, selon certains auteurs,
entre le nombril et les reins. Néanmoins, l'attention
sur le nombril donne des résultats assez voisins :
sensation de retrouver un centre, de revenir à
l'origine même de la vie. Ce support ombilical
conviendra bien aux natures trop cérébrales,
enclines à trop « s'envoler » vers les hauteurs, à ne
concevoir la spiritualité qu'en termes de lumière et
de pureté désincarnée. Sa proximité du centre
sexuel néanmoins, et surtout des organes digestifs,
sa place symbolique au milieu du « ventre », siège
de nos appétits les plus grossiers et de nos peurs les
plus viscérales, peuvent encore le faire déconseiller
à certaines natures trop sensuelles ou trop émotives.

On pourra, si l'on adopte ce support de concentration, soit diriger la pensée sur le nombril comme
sur un point fixe (éventuellement rouge ou jaune
solaire), soit le percevoir comme un « vide » central,
soit encore — pratique taoïste dont nous avons déjà

---

1. Le cinabre est un sulfure rouge vermillon de mercure pulvérisé. Il
constitue la matière première des alchimistes chinois qui distinguent
trois champs de cinabre : inférieur (abdomen), médian (cœur), supérieur (tête). On ne peut comprendre ces techniques — dont nous
reparlerons au chapitre suivant — qu'à la condition de se représenter le
corps humain comme un univers clos, une sorte d'athanor hermétique-
ment fermé, à combustion très lente. Il est évident que le feu doit
toujours se trouver *en dessous* de l'eau. Mais si l'eau déborde, le feu
s'éteint. Si la chaleur est trop grande, l'eau s'évapore et passe dans l'air.

ébauché la description dans un livre précédent — animer la concentration en faisant tourner le « souffle » autour de l'ombilic (ou autour du champ de cinabre inférieur). Le mouvement débute en principe vers la droite pour les hommes, vers la gauche pour les femmes. L'adepte fait tourner le souffle trente-six fois puis le fait revenir au centre en décrivant vingt-quatre spires de plus en plus réduites.

c – *Le cœur*. Aussi étrange que cela puisse paraître, tout le monde ne s'entend pas sur la localisation de ce centre. Pour certains le cœur subtil correspond exactement au cœur anatomique, pour d'autres il en est distinct, un peu plus à droite ou un peu plus au centre. Râmana Maharshi, lui, situait le Cœur spirituel — le siège du Soi — à peu près à un travers de la main sous le téton droit, là où, disait-il, chacun pose spontanément le doigt quand il s'entend interpeller. C'est affaire d'expérience et l'on aurait tort de chercher des contradictions où il n'y en a pas. Dans la pratique, on se concentrera bien, au début, sur les battements du cœur physique, on y répétera éventuellement le *mantra* (ou, comme disent les musulmans, le *dhikr*) choisi ou encore l'on y visualisera telle ou telle forme, selon la voie de chacun.

Cette concentration est bénéfique pour presque tous. Intermédiaire entre les centres vitaux d'en bas et les centres intellectuels de la tête, entre notre « Terre » et notre « Ciel », le cœur a un pouvoir tout à la fois apaisant et unifiant. En outre, contrôler le cœur, c'est contrôler l'esprit. Pour les Orientaux, Chinois comme Indiens, la pensée naît du cœur et ne se « réfléchit » qu'*ensuite* dans le mental ou dans le cerveau, son instrument. Tous ceux qui sont intéressés par les visualisations gagneront à renforcer ce centre, source de la véritable imagination créatrice.

d – *L'extrémité de la langue.* C'est un point de concentration mentionné dans les commentaires de Vyâsa aux *Yoga-sûtra.* Les tantriques aussi connaissent bien l'importance de cet organe qu'ils étirent et retournent parfois jusqu'au fond de la gorge pour leurs pratiques spécifiques. Les taoïstes, de leur côté, recommandent de toujours garder la pointe de la langue — la « racine du cœur » — légèrement retournée et collée au palais dur, ce qui stimule le fonctionnement des glandes endocrines et oblige le souffle à passer par l'arrière-gorge. Quand la salive s'accumule dans la bouche — volontairement ou involontairement — on doit l'avaler en douceur, sans nervosité, comme une « liqueur d'or ». Cette déglutition, qui provoque une contraction des muscles de la gorge, présente un intérêt particulier pour les adeptes du *prânâyâma,* au moment où ils veulent bloquer leur souffle pour une longue durée. Signalons aussi en passant que la *luette* est un point de concentration traditionnel dans certaines écoles de yoga.

e – Le milieu de la gencive supérieure, *entre la base du nez et la bouche.* L'acupuncture chinoise connaît ce point, terminaison du « canal de contrôle [1] » (*du-mai*), sous le nom de *ren-zhong*. C'est un très bon endroit pour fixer finement l'attention et alléger le souffle.

f – *Les oreilles*. Diriger la conscience vers elles modifiera peu à peu la sensation de l'espace et fera accéder à une qualité particulière de silence. Certains textes tantriques engagent à se concentrer sur la seule oreille droite. Ils font état de sons mystiques internes, tels que le bourdonnement d'abeilles ivres, le tintement de bracelets et de bijoux, le grondement de l'océan, le roulement du tonnerre, etc. On s'aventure déjà bien au-delà de la concentration telle qu'elle est circonscrite en ce livre. De toute manière, nous semble-t-il, de tels sons ne sauraient être décidés ni provoqués : ils jaillissent spontanément à un stade très avancé de l'absorption mentale.

Les personnes douées pour les concentrations dynamiques pourront là encore, avant de fixer leur attention sur les tympans, imaginer deux branches qui, partant de la nuque, passent à droite et à gauche par le bas des oreilles et contournent celles-ci de l'arrière vers l'avant puis rejoignent le milieu de la colonne cervicale, et cela un certain nombre de fois.

g – Le *bulbe rachidien,* ce renflement situé à la base du cerveau, point de départ du nerf vague ou pneumogastrique. C'est une forme de concentration

---

1. Ce « canal de contrôle » ne correspond pas tout à fait à la *sushumnâ* tantrique. Il part bien du périnée, passe par le milieu du dos jusqu'au sinciput mais il redescend ensuite au milieu du visage jusqu'au point *ren-zhong*.

qui convient bien aux *hatha-yogin* car la rétention
prolongée du souffle éveille et stimule le centre
respiratoire situé dans la moelle épinière, en ce
même endroit. Mais, de façon générale, le fait de
placer son attention *à l'arrière du crâne* — perçu
comme une immense caverne vide — agrandira le
champ de perception, procurera une sensation de
distance, de recul, d'englobement par rapport à la
chose observée.

h – *L'espace entre les sourcils :* c'est un point de
concentration des plus classiques dans le yoga
comme d'ailleurs dans l'alchimie intérieure chinoise
qui ne parle pas ici de « troisième œil » mais
d' « espace d'un pouce ». On ne devrait pas chercher ce centre à la surface de la peau mais nettement
à l'arrière de l'os frontal, dans la profondeur du
crâne. Pratique très difficile et qu'on ne saurait
recommander aux gens déjà trop intellectualisés ou
trop volontaristes. On pourrait dire, de façon un
peu mélodramatique, que la « tentation du pouvoir » se cristallise volontiers en ce centre.

i – *Le sommet de la tête.* L'intégration de ce *chakra*
représente le degré culminant de l'initiation tantrique. Pourtant, même une personne non engagée
dans cette voie pourra, sur un autre plan, tirer un
bénéfice de cette concentration sur le sinciput qui
donne la sensation de dominer le corps et d'être relié
au ciel par ce « fil » dont on a déjà parlé. Paradoxalement, on trouvera peut-être cette technique plus
facile que la précédente parce qu'on se situe ici
(même si cela est le plus souvent illusoire) comme

« au-delà » du mental et de ses nœuds, dans un air infiniment plus pur.

j – On peut encore diriger la concentration vers les *mains* : soit le contact entre le pouce et l'index si l'on tient ces deux doigts réunis en cercle, soit le contact entre les deux pouces si on les garde dans le prolongement l'un de l'autre (cf. p. 28-29). Le zen parle à ce propos de « poser le mental sur les pouces ». Ces pratiques sont simples, modestes, solides, non entachées d'émotivité. Dans l'incertitude, on devrait toujours commencer par elles.

k – Enfin, il est possible de faire porter l'attention non sur un point anatomique limité, mais sur une portion plus étendue du corps : par exemple la colonne vertébrale, depuis le coccyx jusqu'à la nuque ; ou encore l'ensemble du dos. Si la concentration est assez soutenue, une certaine « densité subtile » se manifestera et probablement une impression de chaleur. D'ailleurs, à la limite, rien n'interdit d'étendre la sensation tactile au corps tout entier, sans privilégier un endroit par rapport à un autre. C'est ce corps lui-même qui devient alors l'objet de la concentration, non point en tant qu'idée ou concept (il ne s'agit pas de méditer sur son impermanence), mais en tant que sensation globale, immense et ouverte. On trouve dans l'enseignement d'un maître contemporain, Jean Klein, de très suggestives indications en ce sens.

N.B. On vient d'envisager trois espèces de concentration sensorielle : visuelle, auditive et tactile. L'attention

*délibérée aux saveurs et aux odeurs relève plutôt du
quatrième chapitre de ce livre car, en raison de leur
caractère fuyant et volatil, elles peuvent difficilement
faire l'objet d'une concentration systématique. Rien
n'empêche, bien sûr, de faire brûler tel ou tel parfum
pendant sa pratique, si on le trouve agréable. Mais c'est
alors plutôt un accompagnement qu'un objet de la
concentration. Dans le zen, la combustion du bâtonnet
d'encens sert surtout à fixer dans le temps une limite à la
méditation.*

Concentrations sur le souffle

On a, dans le chapitre précédent, décrit quelques
exercices destinés à stimuler, à amplifier, à purifier
la respiration, à empêcher surtout qu'elle ne
devienne un obstacle à la concentration de l'esprit.
Ici, l'on suppose le problème résolu. On considère
le souffle en tant que support, objet privilégié de la
conscience. Cette technique, très familière aux
hindouistes comme aux bouddhistes, est également
attestée dans les traditions chrétienne et islamique [1].

1. La mystique orthodoxe possède une très riche expérience dans ce
domaine. Cf. notamment l'enseignement de saint Syméon le Nouveau
Théologien : « Demeure assis dans le silence et dans la solitude, incline
la tête, ferme les yeux ; respire plus doucement, regarde par l'imagination à l'intérieur de ton cœur, rassemble ton intelligence, c'est-à-dire ta
pensée, de ta tête dans ton cœur. Dis sur ta respiration : " Seigneur
Jésus-Christ, ayez pitié de moi ", à voix basse, ou simplement en esprit.
Efforce-toi de chasser toute pensée, sois patient et répète souvent cet
exercice. » Pour une introduction populaire à cette tradition, lire les

Chacun pourra l'adapter à sa convenance. Libre au lecteur d'accepter ou de refuser le *mantra so'ham* (« Je suis Lui ») que nous proposons[1].

À l'inspiration, prononcez mentalement *so ;* à l'expiration, *ham*. Répétez cela aussi longtemps que vous le voudrez, jusqu'à ce que la musique du *japa* (ainsi appelle-t-on la répétition) ait imprégné profondément le cœur. Il n'y a aucun inconvénient à inverser le sens de l'exercice, c'est-à-dire à répéter *ham* en inspirant et *so* (ou *sâ,* si l'on est de tendance *shâkta*) en expirant. Souvent ces options, ces variations se produisent d'elles-mêmes, selon des nécessités mystérieuses. On pourra imaginer qu'un point lumineux descend jusqu'au nombril à la fin de l'inspiration et remonte — soit vers le cœur, soit vers le front, selon le niveau ressenti — à la fin de l'expiration. Mais cela nous amène déjà au bord des techniques « internes » décrites dans le prochain chapitre. En effet, il peut venir par cette pratique longtemps poursuivie que les mouvements apparents de la respiration se réduisent de beaucoup alors que l'on continue de ressentir la présence et la circulation du souffle en tant que chaleur et lumière, à l'intérieur du corps.

Récits d'un pèlerin russe (Éd. du Seuil). — En ce qui concerne l'islamisme, le *dhikr* des soufis associe également la récitation d'une formule sacrée (par ex. *lâ ilaha illa'llah*) à la concentration sur le cœur.

1. Le *mantra* complet est : *Om ! Hamsah so'ham ! Swâhâ !* (Om ! Je suis Lui, Il est moi : accepte l'oblation !) Il doit être répété, d'une aurore à la suivante, 21 600 fois.

À ceux que les connotations hindouistes d'un tel procédé n'attireraient nullement, nous en recommandons un autre très neutre et très simple, du moins dans sa description : c'est l'observation du souffle tel qu'il vient, tel qu'il va, dans son déroulement spontané. L'art consiste ici à ne pas intervenir, à laisser la respiration s'écouler à son gré, en la respectant quoi qu'elle veuille : si elle est rapide, elle est rapide ; si elle est saccadée, elle est saccadée ; si elle est lente, elle est lente. Tout ce que l'on s'autoriserait à faire, si à tout prix l'on tenait à « faire » quelque chose, serait de compter les expirations tranquillement, l'une après l'autre, soit en « marquant » les doigts comme on l'a appris p. 33, soit en faisant rouler les grains d'un chapelet[1]. Il arrivera peut-être un moment où l'on oubliera de compter. Si c'est par distraction, par défaillance, il faudra reprendre. Mais si cela résulte de ce que le comptage est devenu inutile, est tombé en quelque sorte « dans le vide », alors pourquoi ne pas l'abandonner et poursuivre sa concentration sans ce support ?

---

1. Si l'on adopte la méthode indienne, on tiendra le chapelet entre le médius et l'annulaire d'une part, le pouce d'autre part. Pour compter le nombre de respirations (ou bien pour mesurer la durée de l'inspir, de l'expir ou des rétentions), prononcer mentalement OM 1, OM 2, OM 3, etc., au lieu du simple 1, 2, 3... car cela, entre autres avantages, donnera le nombre exact de secondes.

CHAPITRE III

LES OBJETS INTERNES
DE LA CONCENTRATION

Après avoir passé en revue les différents types de concentration sensorielle, il nous faut aborder un autre champ où peut tout aussi bien s'exercer l'attention du pratiquant : le monde intérieur ou psychique. Précisons toutefois que, pour qu'une forme mentale, une idée puisse faire l'objet d'une concentration soutenue, elle doit revêtir une certaine fixité ; sinon elle ne serait qu'une impression subie passivement, insaisissable. Même dans le cas des visualisations dynamiques dont nous donnerons plus loin quelques exemples, l'image se construit et le mouvement se développe selon des lois convenues, dans un certain ordre et à un certain rythme. Il ne devrait donc y avoir ici aucune place pour le délire ou le fantasme. Il ne s'agit pas de se raconter

une histoire et de laisser courir son imagination à la
diable, mais de la canaliser, de la diriger activement,
suivant des schémas traditionnels et quasi invaria-
bles. Certes l'inconnu, l'inattendu peuvent se manifester lors de tels exercices. Mais ils seront alors
examinés par l'élève avec la même neutralité, la
même froideur que tout le reste. À aucun moment il
ne se laissera chavirer ni enivrer par ce qui aurait
une apparence de merveilleux. Il doit se persuader
une fois pour toutes que tout ce qui « apparaît »
n'est qu'en lui ou, si l'on préfère, n'est que son
propre mental « retourné » ; qu'il est tout à la fois le
spectateur, l'auteur, l'acteur et le projectionniste du
film qui se déroule devant ses yeux intérieurs,
même si certaines scènes lui semblent s'écarter du
scénario d'origine, même si certains comédiens
semblent « en faire un peu trop ».

Concepts, thèmes abstraits, koans

Il n'est pas d'un grand intérêt de prendre pour
objets de concentration des vertus ou des notions
abstraites, tels le « Bien », la « Vérité », la « Justice », etc. Il serait difficile, en effet, ici de se
désengluer des mots et de ne pas enchaîner à partir
d'eux une série de considérations qui, pour nobles
qu'elles soient, tendraient plutôt à agiter le mental
qu'à l'apaiser. Même un guerrier ou un athlète qui
voudrait se préparer au combat profiterait certaine-
ment plus d'une concentration sur son corps — ou

sur une partie de son corps (tel le *hara*) — que d'une cogitation plus ou moins déguisée sur le « Courage » ou l'« Honneur ». En outre, tous ces concepts moraux, faisant partie de la relativité, portent au fond d'eux, appellent même irrésistiblement leurs contraires. Penser au bien amène à penser au mal [1]. Il faudrait au moins que l'idéal visé ne soit pas nommé mais, dans une certaine mesure, « concrétisé », visualisé par exemple sous forme de lumière pure et absolue ou, nous y reviendrons, d'un symbole géométrique précis.

Beaucoup plus féconde nous paraît la méthode préconisée par Râmana Maharshi dans la perspective de ce qu'il nommait *vichâra*, l'« investigation », la quête du Soi profond [2]. Elle a l'avantage de pouvoir se combiner à la respiration et à l'usage des sons intérieurs dont on a déjà dit quelques mots : à l'inspir, l'adepte prononce mentalement *ko'ham* (« qui-moi », c'est-à-dire « qui suis-je ? ») ; à la rétention (qui ne devra pas être forcée, il ne s'agit pas d'un *prânâyâma*), *so'ham* (« Lui-moi », c'est-à-dire je suis le Soi, le non-mental) ; à l'expir, *nâ'ham* (« pas moi », je ne suis pas ce corps ni ce mental). Ces trois formulations — interrogative, affirmative, négative — couvrent pour ainsi dire tout le champ de la métaphysique. Mais l'on évitera, lors

---

1. À quelqu'un qui voudrait « trouver la Vérité », le meilleur conseil que l'on pourrait donner en s'inspirant du zen serait : « Commence par cesser de chérir tes opinions. »

2. Cf. notamment *L'Enseignement de Râmana Maharshi*, 126 et 396 (Albin Michel).

de l'exercice, de les analyser et de les manipuler en
mode discursif ou dialectique. Une telle réflexion
n'a sa place qu'avant ou après la pratique elle-
même. Pendant celle-ci on préférera se laisser porter
par le rythme simple et puissant des sons intérieurs.
Ils sont comme des semences qui germeront d'elles-
mêmes dans le terreau de notre inconscient.

Il n'en va guère autrement de ce que l'école
Rinzai du bouddhisme zen appelle *koans*, questions
irrationnelles et ambiguës sur lesquelles l'apprenti
use son cerveau sans relâche jusqu'à ce que la
solution jaillisse comme un éclair, un jour où il
désespérait de la trouver. Une énigme comme « Tu
connais le bruit de deux mains claquées, mais quel
est le bruit d'une seule main ? » plonge aussitôt
l'élève dans une perplexité, voire dans une sorte de
stupeur, d'hébétement spirituel qui, habilement
travaillé par un maître, peut être propice à un
« éveil », de plus ou moins grande intensité.
Comment entendrais-je ce qui ne fait pas de bruit ?
Peut-on entendre un son sortir d'une main qui ne
frappe aucun objet ?... Autre question aussi illogi-
que : « Une jeune fille traverse la rue. Est-elle la
sœur aînée ou la sœur cadette ? » Comment diable le
saurais-je et cependant on me demande avec ins-
tance de fournir une réponse, et non pas purement
verbale, mais globale, totale, existentielle[1]. Est-il

---

1. Certains *koans* en effet pourraient se prêter à des développements
philosophiques ou théologiques : « Quel visage avais-tu avant de
naître ? »... « Qu'est-ce qui te fait répondre quand on t'appelle ? » Mais
jamais précisément le maître n'acceptera une réponse à ces niveaux-là.

besoin d'ajouter qu'une telle méthode — qu'Alan Watts qualifiait de « dynamite spirituelle » — est impossible à suivre tout seul ? Il faut le contrôle d'un expert capable d'accepter ou de refuser la réponse qu'on lui proposera, d'apprécier si elle correspond à une authentique expérience intérieure ou si elle ne relève que de l'habileté intellectuelle. Tout l'art du bon maître est d'acculer le chercheur à une impasse absolue, à un désarroi tel qu'il n'a plus d'autre ressource, ne pouvant plus ni reculer ni avancer, que de faire face, à sa propre impuissance peut-être ou bien, ce qui revient au même, au double néant de la question et de la réponse. Ainsi voit-on, dans les cas les plus favorables, comment la concentration la plus acharnée, à la limite la plus absurde, peut déboucher sur l'intuition la plus fulgurante.

Visualisations statiques

Certains êtres possèdent une capacité spontanée de visualisation, d'autres sont fort peu doués dans ce domaine. Même chez les premiers, l'aptitude à maintenir *longtemps* dans la conscience l'image évoquée ne va pas toujours sans peine. Prenons dix personnes intéressées par la concentration. Demandons-leur de fermer les yeux et de projeter sur leur écran mental un triangle équilatéral, la pointe en haut. Toutes y réussiront sans doute, de manière plus ou moins nette et rapide. Invitons-les ensuite à

visualiser en dessous du premier triangle un second,
la pointe en bas. Les difficultés commenceront et
s'accentueront encore si l'on demande aux mêmes
assistants de faire se rapprocher les deux figures
jusqu'à ce qu'elles s'interpénètrent et forment un
hexagone étoilé, le fameux « sceau de Salomon ». À
supposer qu'une partie de notre groupe parvienne à
obtenir une image précise (nous disons bien une
image, non un concept), combien seront encore
capables de la garder présente devant leurs yeux
intérieurs, ne serait-ce qu'une minute, sans penser à
autre chose, sans qu'aucune forme étrangère vienne
s'y surimposer ou la brouiller ? Et l'on n'a pourtant
choisi là qu'un exemple assez élémentaire : il est,
dans les traditions indienne et tibétaine, des *yantras*
ou des *mandalas* infiniment plus complexes. La
capacité de visualiser des couleurs est également fort
inégale chez les gens. L'un voit bien le bleu mais
mal le rouge. Tel peut imaginer la couleur pour
ainsi dire à l'état pur, tandis que l'autre a besoin de
penser au soleil ou à un tournesol s'il veut se
représenter du jaune.

Pareil travail peut certes être grandement facilité
par une observation préalable de la forme ou de la
couleur qu'on souhaite ensuite visualiser. Il n'appartient en effet qu'aux grands artistes mystiques de
visualiser d'abord et de projeter ensuite, sur une
feuille, sur une toile, sur le sol, dans la pierre, ce
qu'ils ont clairement perçu avec l'œil de leur cœur.
Seul l'individualisme occidental nous fait d'ailleurs
imaginer qu'ils sont les « inventeurs » ou les

« auteurs » de telles formes destinées d'emblée à devenir des supports de contemplation pour les autres êtres moins favorisés par la grâce. Ceux-ci, quoi qu'il en soit, ne se contenteront pas d'une simple absorption visuelle dans l'objet sacré ; ils devront, les yeux clos, tenter d'en retrouver le double subtil en eux-mêmes. Quand une telle forme est belle (et elle l'est d'ailleurs toujours, eût-elle une apparence terrible), ce peut être un exercice captivant mais ardu aussi et parfois décourageant.

Aux chercheurs néanmoins attirés par cette voie, la symbolique offre un champ à peu près illimité. Depuis la croix chrétienne jusqu'aux lettres de l'alphabet hébraïque ou arabe, en passant par tous les emblèmes maçonniques, les hexagrammes du *Yi-King* et tout ce que nous offre la si riche iconographie tantrique, le choix est immense, presque même trop car il y a ici danger de se perdre dans la multiplicité des formes ou surtout de s'égarer dans un « milieu » spirituel qui ne serait nullement fait pour soi. On doit se souvenir que la forme est tout à la fois ce qui révèle et ce qui voile le sens profond, de même que le mot est ce qui exprime et ce qui dissimule la chose. L'image traditionnelle peut constituer une aide inestimable, elle peut devenir aussi un obstacle difficile à surmonter si l'on s'y attache pour sa beauté propre sans être capable de la dénuder, de lui arracher son secret. Il ne convient pas en ce domaine d'expérimenter sauvagement, par curiosité boulimique. Chacun aura intérêt à demeurer dans les cadres d'une tradition qu'il connaît bien, en laquelle il dispose d'appuis, de repères, même s'il ne l'a pas héritée de ses ancêtres ou n'a pas été élevé en son sein. Une charge d'*amour* nous paraît en outre indispensable pour l'intégration finale. Car il faut savoir que la visualisation n'est pas un jeu ni une fin en soi : elle prépare à l'identification de l'adepte avec l'image qu'il a construite ou nourrie, ce qui, dans le cas d'une divinité étrangère, ne va pas sans risques.

En dehors des symboles sacrés, est-il possible d'exercer la visualisation sur de simples objets qui, à première vue, n'ont pas ce caractère ? Assurément oui. Et l'on est renvoyé ici au chapitre des concentrations « externes », à yeux ouverts. Tout objet longuement contemplé — caillou, coquillage, fleur — peut être ensuite intériorisé et en quelque sorte recréé à l'abri des paupières. On ne manquera pas de vérifier que l'image intérieure obtenue est bien conforme à son modèle.

Visualisations dynamiques

On avancera sur ce terrain encore plus prudemment que sur le précédent. On exclura toute tentative d' « animer », par exemple, des divinités dont on aurait « saturé » l'image par l'énergie d'une concentration assidue. Car ici le danger serait grand d'être possédé par l'influence évoquée et l'on quitterait le domaine qui nous intéresse en ce livre pour un autre qui relève plutôt des sciences occultes. Plus banalement, on risquerait d'assez gros troubles psychologiques par un déferlement non contrôlé d'images et de pulsions issues de l'inconscient et qui, jusque-là, trouvaient dans nos rêves nocturnes ou dans nos rêveries semi-lucides assez de champ pour se manifester.

Il est heureusement des formes de visualisation dynamique que nous pouvons recommander, sinon à tous, du moins à ceux qui auront acquis une perception assez affinée de leur énergie. Les meilleures que nous ayons trouvées pour notre compte se trouvent dans la tradition taoïste dont le génie est de rechercher sans cesse le repos à travers le mouvement et de ne pas assimiler la quiétude à une pure immobilité de l'esprit. Elles ont en outre l'avantage d'être « incolores » du point de vue religieux car, même quand des éléments mythologiques y sont surimposés, on peut aisément les réduire à de simples mutations de l'énergie.

Tous ces exercices sont fondés sur la puissance de la pensée. Non la pensée abstraite et discursive, celle que l'on emploie en science et en philosophie ; mais la pensée créatrice, qui part du cœur et qui est capable de provoquer des transformations physiologiques et psychologiques. Les Chinois lui donnent le nom de *yi*. Là où la pensée parvient, le souffle parvient. Mais de quel « souffle » encore parle-t-on ? Non point de la respiration ordinaire mais de ce dont elle est le signe, à savoir le *qi*, le souffle interne, l'énergie qui circule, s'écoule dans les méridiens comme dans autant de rigoles et emplit tous les interstices du corps à la façon d'une vapeur[1]. Le mouvement imaginaire du souffle guidé par l'intention doit créer un mouvement *réel*, comme on va le voir dans la pratique suivante que l'on appelle en termes d'alchimie intérieure : « retourner le fleuve et renverser la mer[2] ».

S'installer dans sa posture assise, le cœur calme, l'esprit éveillé, la taille bien relâchée (la respiration se fera par le diaphragme, sans gonflement du thorax). À l'aide de la pensée créatrice, amener le souffle à descendre depuis le champ de cinabre (trois pouces en dessous du nombril) jusqu'au périnée, entre l'anus et le sexe. Le faire remonter alors le long du canal de contrôle (*du-mai*), par le milieu du dos, à travers les vertèbres sacrées, lombaires, dorsales, cervicales, jusqu'à l' « esprit du ciel » (le sommet du crâne). De là, descendre par le milieu du visage jusqu'au point *ren-zhong*, entre le nez et la lèvre supérieure, puis jusqu'au palais. Enfin, le souffle emprunte le canal de fonction (*ren-mai*) qui passe par la face antérieure du corps et il

1. Selon l'étymologie, *qi* est la vapeur qui s'élève du grain cuit. Le *qi-gong*, travail du souffle, est ce qui correspond le mieux en Chine au *prânâyâma* indien, avec toutefois une visée thérapeutique et un souci de longévité plus marqués. Le souffle intérieur, encore appelé « embryonnaire » ou « prénatal », n'est pas conscient chez la plupart des gens. Il peut le devenir par des méthodes appropriées.
2. Ou encore la « grande révolution » *(da zhou tian)*, par comparaison à la révolution cosmique des astres ; elle s'accomplit généralement du « ciel antérieur » (le canal de contrôle) au « ciel postérieur » (le canal de fonction). Métaphysiquement, le ciel antérieur désigne ce qui précède la création, ce qui est inné, et le ciel postérieur ce qui est après la création, ce qui est acquis.

retrouve le périnée, point d'achèvement de cette première « révolution » et point de départ de la seconde. On pourra répéter cette circulation « en anneau » autant de fois qu'on le jugera bon. Lorsqu'on commence à faire remonter le souffle dans le canal de contrôle, il sera utile de contracter l'anus vers le haut (le *mûla-bandha* indien). On peut trouver un avantage aussi, surtout au début, à faire coïncider la circulation du souffle interne avec la respiration extérieure, qui sera lente, profonde, pleine. À la montée du souffle par l'arrière jusqu'au palais correspond l'inspiration (bien que le contraire soit possible). À la descente du souffle par l'avant correspond l'expiration, qu'il faudra pousser sans effort vers le bas. Toutefois, au bout d'un moment, cette respiration peut se révéler une surcharge plutôt qu'une aide. Un signe positif de la pratique sera une chaleur parfois très vive — pouvant aller jusqu'à la transpiration — dans l'ensemble du corps. Il arrive également aussi que cette sudation soit suivie de tremblements ou de l'impression que des fourmis se déplacent sous la peau. On n'ira pas plus loin sans l'aide d'un guide qualifié. Ces phénomènes énergétiques, en effet, sont normaux mais peuvent inquiéter un novice. Le résultat de cette technique d'ailleurs n'est nullement l'exaltation mais un calme immense de l'esprit. Le souffle circule comme une roue dans les profondeurs du corps, on se sent à la fois stable comme une montagne et fluent comme une rivière, la pensée n'apparaît plus et, comme le dit un maître chinois, « le mécanisme céleste se meut de lui-même »[1].

Soi et vacuité

N'importe laquelle des méthodes évoquées jusqu'ici en ce livre peut conduire à l'état de méditation que l'on peut définir comme une stabilisation assurée, continue du « milieu mental » (*chitta*), un arrêt des processus habituels d'idéation, d'association, d'imagination[2]. Il est néanmoins des voies plus directes encore, quoique plus difficiles car, au lieu de tourner l'attention du sujet vers un objet déterminé — sensible ou mental —, elles l'invitent à se contempler lui-même en quelque sorte, et lui seul, non pas en tant qu'individualité limitée bien sûr mais en tant que Conscience pure, Témoin des phénomènes, Soi. Mais en toute rigueur peut-on encore parler de concentration puisque d'emblée toute fiction de dualité est rejetée ? *Qui* se concentrerait sur *quoi* ? S'il n'y a aucun objet à appréhender, que devient la notion même de sujet ? Quels mots conviendraient pour désigner une conscience qui ne serait que d'elle-même ? Autrement dit,

1. Il existe d'autres procédés de circulation que celui décrit ici. L'un d'eux est particulièrement intéressant parce qu'il inclut les jambes et les bras. On en trouvera l'analyse dans le bon livre de Jean Gortais *Tai-ji quan* (Le Courrier du Livre, 1981).
2. C'est d'ailleurs la définition même du yoga selon Patañjali : « Le yoga est la disparition des processus mentaux » (*Yoga-sûtra*, 1-2). La méditation et le yoga, dans cette optique, se confondent presque.

l'Absolu, le *Brahman,* Dieu au sens transcendant et non formel peut-il devenir un objet de concentration de la part d'un être relatif, imparfait comme l'être humain ? Ces questions métaphysiques débordent le cadre de ce livre. Elles risqueraient en outre de nous entraîner sur le terrain mouvant des mots, que nous avons essayé de contourner depuis le début. En effet, l'on constate souvent que les expériences des grands spirituels coïncident, quelle que soit la tradition dont ils se réclament et quel que soit le nom donné au but qu'ils ont visé. Il y a eu de multiples querelles dialectiques entre Hindous, qui affirment la positivité du Soi, et bouddhistes, qui en nient la réalité et proclament que tout est « vide », sans consistance. Pourtant, intimement, l'expérience de Shankarâchârya fut-elle différente de celle de Nâgârjuna ? La « Déité » dont parle Eckhart en homme qui la connut n'évoquera-t-elle rien à un soufi ou à un maître ch'an ? Il semble au contraire que tous les hommes, en tout temps et en tout pays, qui ont atteint un niveau assez profond d'absorption spirituelle, ou autrement dit qui ont dépassé leur mental et du même coup leur ego, se rejoignent, tels des marcheurs partis à l'assaut d'une montagne, chacun par un chemin particulier, et qui se retrouvent à son sommet [1].

---

1. La contemplation de la vacuité absolue n'est pas spécifique, comme on le croit souvent, au bouddhisme Mâhâyâna. On retrouve le même refus total des formes chez certains mystiques occidentaux. Cf. Grégoire le Sinaïte : « Ne laisse jamais un objet sensible ou mental,

Mais que l'on comprenne bien : à un certain stade de réalisation il ne saurait plus être question de « techniques ». Ce qui est « uni », « unifié » se trouve par là même au-delà des notions d'agent, de but, de moyen, d'instrument. À quelqu'un qui voudrait, qui pourrait se passer de tout support, de tout objet ou thème, on ne saurait donc rien proposer, pas même une attitude rituelle du corps pour atteindre un état dont il éprouverait déjà la permanence en lui-même, quoi qu'il fasse et où qu'il aille. La technique la plus perçante, la plus efficace ou subtile ne fait que nous mettre au bord du Vide, ou au seuil du Soi, si l'on préfère cette formulation. Jamais elle n'aura la puissance de nous faire réaliser l'Ultime, pas plus qu'on n'a une chance de combler réellement un puits en y entassant de la neige.

Les méthodes de « vacuité » que nous allons maintenant emprunter au *Vijñâna-Bhairava* ne valent donc, à nos yeux, ni plus ni moins que toutes les autres suggérées en cet ouvrage. Simplement elles conviendront mieux à certains tempéraments chez qui la sensibilité tactile est plus développée, plus affinée que chez la plupart. Elles modifient de façon très captivante et dynamique la perception

---

extérieur ou intérieur, fût-ce l'image du Christ ou la forme soi-disant d'un ange ou des saints, ou encore une lumière, s'inscrire ou se dessiner dans ton esprit. » Ou saint Nil du Sinaï : « Fuis le désir de voir sous une forme sensible les anges, les puissances ou le Christ ; autrement tu risques de tomber dans la démence, de prendre le loup pour le pasteur et d'adorer les démons à la place de Dieu. » Est-on si loin du ch'an prescrivant abruptement : « Si tu rencontres le Bouddha, tue-le » ?

que nous avons de l'*espace,* tant intérieur qu'extérieur. On peut les inclure dans cette étude parce que la vacuité ainsi évoquée et manipulée fait encore partie du monde des « objets » au sens technique du terme. Elle n'est pas une notion abstraite mais une sensation vécue, observable et évolutive. Elle n'est point le « Grand Vide » métaphysique, même si elle peut nous en donner un aperçu fugitif, ponctuel, un peu frustrant, à la façon d'un coup de sonde en plein milieu de l'océan. Encore une fois, elle se rattache au monde des phénomènes puisque, comme toute perception, elle apparaît et disparaît. Il ne faudrait donc pas trop se leurrer à son sujet et croire qu'on est libéré de toute illusion parce qu'on a obtenu, dans le corps et dans la pensée, cet état si appréciable de vacuité, de légèreté, de transparence merveilleuse décrit dans certains textes.

Le premier exercice[1] nous ramène au travail du souffle mais d'une manière très particulière. Il consiste à diriger son attention, à l'expiration et dans le temps qui suit cette expiration quand les poumons sont tout à fait vides, vers un « point » appelé *dwâdashânta,* extérieur au corps puisque théoriquement situé à douze doigts ou trois poings superposés du bout du nez. À l'inspiration, le pratiquant ramène sa conscience dans le cœur, où le souffle s'amasse, se condense, se rassemble avant de redescendre et d'aller mourir en ce lieu invisible,

---

1. *V-B,* 1 à 4 de notre commentaire, *op. cit.* (*24-28* de l'édition L. Silburn).

informel mais non tout à fait irréel cependant puisque la concentration fervente de l'adepte lui insuffle peu à peu une sorte de présence et de vie. On va ainsi d'un « espace interne » (le cœur) à un « espace externe » (le *dwâdashânta*) jusqu'à ce que peut-être il devienne inutile de distinguer, quoique l'exercice puisse avoir un autre prolongement et une autre finalité : le *Vijñâna-Bhairava* en effet considère ce travail comme préparatoire, sinon à l'ascension de la *Kundalinî*, du moins à une « verticalisation » du souffle qui, au lieu d'aller du dedans au dehors comme on vient de le dire, désormais s'intériorise totalement, partant du cœur à l'inspir et montant, à l'expir, jusqu'au sommet de la tête (qui reçoit par analogie le nom de *dwâdashânta* interne). Mais l'étudiant pourra s'en tenir au premier stade de la méthode, à savoir la concentration très aiguë, très fine sur le *dwâdashânta* externe. L'arrêt doux et léger de la respiration à poumons vides, dont on a jusqu'ici peu parlé, prendra une importance privilégiée, nous donnant un premier contact, un avant-goût de la fameuse « vacuité »[1]. La pensée elle-même, sans aucun doute, se ralentira, se dissoudra bientôt par cette technique extrêmement apaisante et bienfaisante.

Les autres exercices proposés par notre tantra ont

---

1. La même tradition yoguique prescrit souvent d'intensifier sa concentration lors des *intervalles* : non seulement, comme ici, entre les deux phases respiratoires, mais entre deux pensées, entre deux activités, quelles qu'elles soient, entre deux objets, au sens matériel ou mental.

pour but d'étendre la vacuité au corps tout entier. Elles exigeront d'ailleurs parfois que l'on délaisse la position assise pour se coucher en *shavâsana,* la posture du cadavre. Les élèves non préparés s'en abstiendront car l'impression de dilatation dans l'espace, l'expansion du corps subtil pourraient provoquer en eux un manque de sécurité, sinon un début de panique. Ce qui est ici visé n'est pourtant pas un « dédoublement » ou une « sortie dans l'astral » comme disent certains occultistes. Mais la détente absolue, qui va bien au-delà de la relaxation ordinaire, peut à tel point modifier la sensation du corps qu'à un certain moment l'adepte perd tous ses repères habituels, sent s'effacer toutes les limites familières et rassurantes entre « dedans » et « dehors », « haut » et « bas », « moi » et le « monde ». À force de se remplir d'espace, il devient lui-même espace, indéfini, vide, libre comme l'espace : expérience très belle, non pas proprement dangereuse (car *où* irait-on ?) mais perturbante pour l'apprenti qui se demanderait anxieusement : « Vais-je quitter mon corps ?... et si, ensuite, je ne pouvais plus revenir ? » — toutes ces appréhensions ayant d'ailleurs pour effet principal, et peut-être providentiel, d'empêcher l'expérience par les contractions corporelles ou psychiques qu'elles entraînent [1].

---

1. Une expérience de ce genre a été décrite au chapitre 29 de *Pour l'Éveil.*

Voici quelques-unes de ces instructions énigmatiques et fécondes. Six d'entre elles se suivent dans le *Vijñâna-Bhairava* :

20 (*43*) : « Que l'on évoque l'espace illimité en son propre corps dans toutes les directions à la fois. »

21 (*44*) : « Que l'on évoque en même temps le vide au sommet [de la tête] et le vide à la base [de la colonne vertébrale]. »

22 (*45*) : « On doit évoquer simultanément et sans faiblir le vide au sommet, le vide de la base et le vide du cœur. »

23 (*46*) : « Que l'on évoque, juste un instant, l'absence de dualité en un point quelconque du corps. » (L'expression « juste un instant » souligne la nécessité d'une concentration vive, soudaine, incisive.

24 (*47*) : « Toute la substance qui forme le corps, il faut l'évoquer intensément comme imprégnée d'éther. » (L'élément principiel de la cosmologie hindoue, mais ici comprenons d'« espace », de « vacuité ».)

25 (*48*) : « On doit méditer sur son propre corps comme s'il ne contenait rien à l'intérieur, la peau n'étant qu'un mur. » (C'est-à-dire plutôt une pellicule diaphane, indécise entre deux vides.)

Plus intellectuelle paraîtra l'instruction 35 (*58*) :

« Il faut se concentrer intensément sur tout cet univers comme s'il était vide. » Mais en réalité elle revient au même, le corps humain étant un microcosme et l'univers un grand corps.

Enfin, 105 (*128*) : « On doit fixer sa pensée sur l'espace externe qui est éternel, sans fondement, vide, omnipénétrant, indéterminé : ainsi l'on se fondra dans le non-espace. »

Non-espace, non-temps, non-manifesté : ces conceptions paraîtront bien abstruses, ces perspectives sembleront bien lointaines à la plupart. On est ici au bord de ce que Gaudapâda, dans la *Mându-kya-Kârikâ* (3, 39), appelle *asparshayoga*, le « yoga du sans-contact » : « Tous les yogin l'envisagent avec peine. Les yogin en ont peur car ils voient une angoisse là où l'angoisse n'existe pas. » Et la *Bhaga-vad-Gîtâ* (12, 5) de son côté : « Plus grande est la difficulté de ceux dont l'esprit s'attache au non-manifesté ; la voie du non-manifesté n'est accessible aux incarnés qu'avec peine. »

Ne serait-ce pas tout simplement parce que la pensée a horreur du vide, qu'elle appréhende comme sa propre mort ? La pensée — ou plutôt le « penseur » — veut bien aller d'objet en objet, substituer l'un à l'autre, renoncer même aux biens de ce monde pour les joies d'un autre monde, mais c'est trop lui demander que de ne saisir *rien*.

CHAPITRE IV

LA CONCENTRATION DANS LA VIE

Quiconque se sera appliqué, ne serait-ce que pendant quelques mois, à l'une des nombreuses méthodes mentionnées dans les deux chapitres précédents sera sans doute passé par des phases de distraction, de perplexité, d'abattement mais aura également acquis une certaine finesse d'attention, une certaine présence intérieure qu'il pourra ensuite étendre à toutes les activités de la vie[1]. Une concentration, en effet, qui se limiterait à une heure de la journée où l'on s'est placé dans des conditions privilégiées d'isolement, de quiétude, de confort

---

1. Réciproquement, on pourrait décider d'exercer la concentration dans la vie plusieurs mois avant que d'aborder la pratique assise. Les deux aspects de la voie sont complémentaires et solidaires.

n'aurait qu'une valeur relative. C'est à la capacité ou
à l'incapacité d'être concentré dans la vie quoti-
dienne, au milieu de ses remous et de ses sollicita-
tions, que l'on peut juger de la réussite ou de
l'insuccès de notre pratique. De quoi s'agit-il au
fond ? De ne *rien* faire dans l'inconscience, dans cet
écartèlement psychique que l'on observe chez tant
de gens qui font une chose et pensent à une autre,
qui sont ici et voudraient être là-bas, qui sont
aujourd'hui et voudraient être demain ou retourner
à hier. La première attention doit être au temps, au
lieu, *hic et nunc*. Rien d'autre ne compte vraiment
que la seconde présente, ce que je suis ne se trouve
pas ailleurs ni plus tard. D'instant en instant,
patiente, inlassable, ironique parfois, l'existence
m'offre la possibilité de découvrir mon « visage
originel », de remonter en amont des opinions, des
souvenirs, des projets, jusqu'à ma source intempo-
relle, non mentale.

Être conscient : cela veut-il dire être contracté,
tendu, anxieux d'obtenir, angoissé à l'idée de perdre ? Bien au contraire. Quand on a compris que ce
que l'on cherchait était déjà là, de toute éternité,
qu'il suffisait d'en prendre conscience, de le voir,
une détente profonde s'opère dans l'esprit, une
certaine énergie lâche, celle qui se tournait toujours
vers l'autre, le différent, le lointain pour quémander
la réponse à son problème. Mais l'être humain a
aussi une grande faculté d'oubli, une sorte de
« consentement » à l'obscurité. Il y a dans l'igno-
rance, dans la torpeur un je-ne-sais-quoi qui nous

plaît, qui nous rassure, qui nous tient chaud ; l'impression d'être « comme tout le monde », peut-être. Nous acceptons parfois de diriger la lumière vers nos recoins secrets, vers nos greniers et nos caves ; par exemple, nous nous accommodons d'une analyse psychologique ou psychothérapique. Mais celle-ci, généralement, se borne à redisposer de façon plus harmonieuse le contenu de notre mental, elle ne met pas en question le mental lui-même. Elle nous remet en selle, elle ne va pas jusqu'à nous priver de cheval. Agir directement sur la pensée et au-delà sur le « penseur », et au-delà encore se demander *qui* pense et quel peut bien être son intérêt dans cette affaire — tout cela est beaucoup plus austère et moins gratifiant. Cela requiert une attention humble, sobre et solitaire de l'esprit à tout ce qui va et vient, au monde extérieur et au monde intérieur, aux actions et aux réactions les plus intimes. Si, après dix ans de méditation assidue, je m'irrite encore parce que je dois attendre à un guichet de poste, si je m'affole parce que j'ai perdu mes clés, si je rumine d'obscures représailles parce qu'un sot a blessé mon amour-propre, alors on peut se demander à quoi ont bien pu servir tant de spéculations sublimes et ce que peut valoir une prétendue sérénité qui ne s'applique pas *d'abord* aux menues choses quotidiennes.

Le réveil

C'est dès le réveil que devrait s'allumer la flamme
de la concentration. Il ne s'agit pas ici de se ruer
dans l'action comme un taureau dans l'arène. Mais
laisser passivement la conscience émerger des
brumes de la nuit, pousser tant bien que mal un
geste devant l'autre en remâchant de vagues projets
— cela n'est peut-être pas la meilleure façon d'entrer dans le jour. Il faudrait plutôt, dès la première
minute, s'installer clairement et calmement en soi-
même, « venir au monde » en toute lucidité. Si
l'impression d'un rêve vibre encore en nous, si l'on
sent qu'il a quelque chose à nous dire, pourquoi ne
pas prendre le temps de l'examiner ? Si un désir, si
un souci s'impose avec une particulière urgence,
pourquoi ne pas l'écouter sur-le-champ, ne fût-ce
que pour l'empêcher de nous persécuter tout au
long du jour ? Toutes les choses obligatoires, inévi-
tables devraient être traitées dans l'ordre où elles
apparaissent à la conscience. En revanche, tout ce
qui ne peut recevoir de solution immédiate, tout ce
qui ne dépend pas de notre volonté devrait être
écarté sans remords. Nous ne sommes pas tenus de
changer le cours des planètes.

Le plus important au fond n'est pas de se libérer
d'automatismes anodins mais d'en prendre
conscience. L'un ne peut boire son thé sans écouter
la radio, l'autre arrose ses plantes vertes dans un
ordre invariable, un troisième fredonne toujours la

même chanson en se rasant, etc. On dirait que cet enchaînement quasi rituel de gestes n'a qu'un but : reconstruire peu à peu une image de nous-mêmes, une image où nous nous reconnaîtrons. L'habitude, au sens large du terme, n'a pas d'autre raison d'être : elle exprime un besoin de sécurité. Le mental pose ses repères, recherche instinctivement ses traces et ses odeurs. Chacun sait qu'il n'y a pas de plus inconfortable sensation que de se réveiller sans savoir où l'on est ou même — expérience que certains ont connue — sans savoir *qui* l'on est, quel est notre nom. La première chose que recrée un prisonnier, généralement, ce sont des habitudes. Personne de plus méthodique que Robinson Crusoé sur son île. On remarque même souvent que les gens qui devraient avoir le plus de temps libre, les retraités par exemple, sont ceux qui programment le plus rigidement leurs journées, s'inventant mille choses à faire sans laisser aucune place à l'imprévu ou à la fantaisie.

C'est sur le vif qu'on devrait noter tous ces automatismes quotidiens, à mesure qu'ils se révèlent. Ils ne méritent pas qu'on leur consacre des volumes ni un long travail d'investigation psychologique. Sans nous juger, sans chercher même à nous corriger — sauf s'il s'agit de défauts trop criants —, essayons d'observer ce personnage étrange que nous appelons « je » et qui ne vit qu'en nommant les choses et en les qualifiant : ceci est bon pour moi, cela n'est pas bon pour moi. Faisons-le dès le premier réveil, tel un médecin chinois qui prend

chaque matin le pouls de son patient, fût-il ou non
en état de maladie déclarée.

Le travail, le métier

Quand un métier est un véritable métier, adapté à
la nature profonde de l'individu et non pas imposé
par contrainte ou pratiqué à défaut de mieux, il
reste, pour la majorité des humains, la voie la plus
indiquée pour la concentration. Celle-ci au demeurant n'est pas, dans nombre de cas, simplement
recommandée ; elle est obligatoire, sous peine de pro-
duire un très mauvais travail, voire de mettre sa vie
en danger. Un cascadeur, un équilibriste, un comé-
dien ne peuvent être que concentrés, tout comme
un médecin — ou il fera de faux diagnostics —,
tout comme un cuisinier — ou il manquera ses
cuissons. Certes, avec un long métier, il peut n'en
rien paraître. Le talent parfaitement maîtrisé semble aller de soi, sans trace d'effort. Mais l'on ignore
souvent tout des dures luttes que l'artiste, que
l'artisan a dû soutenir en lui-même et contre lui-
même avant d'en arriver à cette apparente facilité.
Ce n'est pas seulement la main qu'il a fallu former
ou le coup d'œil, c'est surtout le caractère qui a dû
accepter, à un certain moment, le joug de la
discipline. On n'avance qu'en se donnant des règles,
même si on les invente tout seul sans les recevoir
d'une tradition, même si l'on se donne un jour le
délicieux plaisir de les transgresser.

L'impératif pourrait être résumé en termes simples : faire le plus attentivement possible tout ce que l'on fait, ou bien ne pas le faire du tout. Il est affligeant de voir des individus accomplir leur tâche avec négligence, mauvaise humeur ou dégoût. On y sent plus qu'une maladresse . comme une faute, l'expression d'une disharmonie intérieure. C'est que le métier n'est pas seulement une activité surimposée à l'être, une espèce de masque social et mondain. Il devrait en manifester aussi la vérité la plus essentielle.

Cet art achevé, où la plus extrême application aboutit mystérieusement à la plus totale spontanéité, se voit souvent exalté dans la tradition chinoise. Tchouang-tseu (chap. III) nous dépeint un boucher si expert qu'il usait à peine un couteau en dix-neuf ans alors que ses confrères en brisaient un par mois sur les os des bœufs qu'ils dépeçaient « Chaque fois que j'ai à découper les jointures, explique ce bon maître, je remarque les difficultés particulières à résoudre, et je retiens mon haleine, fixe mes regards et opère lentement. Je manie très doucement mon couteau et les jointures se séparent aussi aisément qu'on dépose de la terre sur le sol. » Dans le chapitre XIX, le même auteur met en scène un artisan qui « tournait des objets aussi parfaits que s'ils eussent été faits au compas et à l'équerre ; son doigt suivait la forme des choses sans que sa conscience intervînt. Il atteignait à une telle habileté parce que son âme, étant concentrée, était libre

d'entrave[1]. » Tout est dit dans ces termes para-
doxaux : la maîtrise transcende l'inconscience, assurément, mais aussi la « conscience » telle qu'on
l'entend d'ordinaire ; la véritable concentration
n'enferme pas, ne réduit pas, n'appauvrit pas
l'esprit, comme le prétendent ses détracteurs ; elle
seule au contraire permet l'épanouissement de l'être
et ouvre à la suprême liberté.

La marche, les transports

La marche est le meilleur exercice spirituel du
monde. Elle est une méditation en mouvement, la
plus simple et la plus naturelle. Aussi longtemps
que vivront les hommes, elle leur apportera l'expérience d'une totalité : non seulement la conscience
d'être relié à la Terre et au Ciel — leur support et
leur sommet — mais à la nature ou, en ville, aux
autres êtres humains.

Que l'on concentre son attention dans les pieds,
tout bêtement. Que l'on avance, sans la moindre
pensée, en gardant cette relation confiante, à chaque
pas réaffirmée, à la Terre, notre mère. On percevra
les arbres, les champs, les nuages, les animaux, on
ne cherchera pas à se fondre en la nature — ce qui
serait une idée —, on l'accueillera plutôt, telle
qu'elle s'offre à nos sens. Réfléchir n'ajouterait rien,

---

1. Tous ces passages du *Tchouang-tseu* sont cités d'après la traduction
de Liou Kia-hway (Gallimard).

à la limite détruirait tout. Marcher, seulement marcher, un peu comme le zen définit la méditation : « s'asseoir, seulement s'asseoir ».

En ville, on sera sollicité par tant de sensations perçantes, agressives ! Elles ne nous gêneront pourtant que si nous sortons de notre centre intérieur. La ville est un monstre mais il ne tient qu'à nous de le rendre doux ou cruel. Que l'on regarde, que l'on écoute, que l'on touche, que l'on goûte sans jugement moral. Par cette concentration purement sensorielle, libre de répulsion et d'attraction, on acquerra une sorte d'immunité de l'esprit, on deviendra peut-être cet « homme vrai » dont parle Lin-tsi, celui qui ne se laisse rebuter par rien, celui qui n'éprouve pas plus d'aversion pour les choses profanes qu'il ne se laisse séduire par les choses sacrées [1].

Un bon exercice de base consistera, sur un parcours déterminé où l'on revient souvent, à noter mentalement — surtout pas par écrit — tout ce que l'on rencontre d'immeubles, de boutiques, d'arbres, de bancs publics, de carrefours, de feux de signalisation, etc. Il ne faut pas chercher à mémoriser volontairement mais plutôt s'imprégner du décor, dans un état de réceptivité ardente. Avec la répétition on intégrera de plus en plus de détails. Un jour, on pourra tenter de reconstituer tout le trajet dans sa tête et peut-être sera-t-on agréablement surpris

---

1. Cf. *Entretiens de Lin-tsi*, traduits du chinois et commentés par Paul Demiéville (Fayard).

de constater qu'on le connaît dorénavant « par
cœur », qu'il fait désormais partie de nous. Ulté-
rieurement on prêtera une attention plus précise aux
« personnages » rencontrés ; la scène du théâtre
s'animera. On observera les commerçants, les pas-
sants, dans l'ordre où ils apparaissent, sans s'attar-
der plus spécialement sur aucun — car il ne s'agit
pas d'alimenter une curiosité — et en se tenant
comme en deçà de toute réaction émotive ou
critique. On éprouvera parfois une impression
étrange de fluidité, en contraste avec la dureté
compacte de la ville, comme si l'on était un poisson
dans l'eau, se déplaçant avec une parfaite aisance au
sein de la foule même la plus épaisse. Un autre jour
on pourra décider de remarquer plus spécialement
telle ou telle couleur éparse dans la cité ou bien l'on
choisira d'être attentif à ses rumeurs, à son tissu
sonore. La marche nocturne dans une grande ville
endormie amène à une haute qualité de « présence »
intérieure.

On insiste souvent sur les désagréments des
transports en commun. Il y a pourtant comme une
subtile « non-résistance » psychique qui permet de
les atténuer. Le train en particulier se prête fort
bien au recueillement de l'esprit par l'observation
même du paysage. La fuite serrée des arbres, des
maisons, des champs, le pointillisme des impres-
sions, la sensation d'« avaler » le monde, les
étranges effets de lumière quand on roule de nuit, la
monotonie du bruit parfois rompue par un ralentis-
sement ou un changement d'aiguillage, tout cela, à

la fois, concentre profondément la pensée et l'empêche de dériver dans une direction précise. Dans les avions c'est souvent une sensation plus « irréelle », comme vide, précaire, dénuée de sens qui s'impose, notamment dans les vols de nuit. Enfin l'auteur de ce livre, qui a eu le bonheur de naviguer plusieurs années à bord d'un voilier, pourrait témoigner des extraordinaires possibilités de concentration qu'offre la croisière : soit sur la manœuvre elle-même, ce qui nous ramène au « métier » ; soit sur le cap à maintenir pour l'homme de barre en négociant au mieux avec le vent et les vagues ; soit encore, quand on n'a rien de spécial à faire lors des longues traversées, sur l'apparence prétendue « monotone » — en réalité toujours changeante et renouvelée — de la mer ; ou bien sur les nuages, ou sur les dauphins qui jouent, sur les oiseaux qui annoncent la terre, sur les innombrables murmures et plaintes du bateau, ou enfin, la nuit, sur ce que le *Vijñâna-Bhairava* appellerait la « merveille bhairavienne » : déploiement fascinant des étoiles qui absorbe toute pensée. Je me souviens ainsi être resté seul toute une nuit sur le pont au milieu de l'océan Atlantique pour voir successivement surgir, monter, décliner et disparaître une à une toutes les constellations du zodiaque.

Le repas

Il est des gens qui apportent à la préparation des
aliments puis à leur mastication un soin maniaque,
tout à fait étranger à l'esprit de ce livre. L'attention
à la nourriture, dont nous ne songeons pas à nier
l'importance, tourne chez certains à la véritable
obsession. On ne pense plus qu'à cela, on ne parle
plus que de cela ; ce qui normalement devrait être
un simple adjuvant à la vie spirituelle en devient le
centre exclusif et une espèce de *deus dieteticus*,
ombrageux et tatillon, impose son culte jaloux à une
poignée de dévots, d'ailleurs souvent assez mal
portants.

Pour revenir plus précisément au sujet de cet
ouvrage, que peut-on conseiller à une personne
désireuse de s'adonner à la concentration ? Surtout
de rester, en ce domaine comme en tous les autres,
lucide et consciente. Il faut apprendre à observer les
effets, positifs ou négatifs, de telle ou telle nourriture, en se gardant de tout régime systématique et
intellectualisé. Si l'on constate que le végétarisme
est bon pour soi, corporellement et psychiquement,
pourquoi ne pas l'adopter ? Mais tant que « quelque
chose » en nous réclame une certaine quantité de
viande ou de poisson, il serait maladroit, au nom
d'un vague idéal spiritualisant, de repousser avec un
dégoût affecté ces aliments de notre assiette. Au
demeurant, l'homme le plus accompli n'est-il pas
celui qui est capable de s'adapter à tout, à n'importe

quel milieu social, à n'importe quel mode de vie ? Il est important aussi de manger des plats qui donnent du plaisir, qui réveillent les puissances de notre âme, stimulent notre imagination, notre affectivité, voire un certain goût de l'inconnu inséparable, nous semble-t-il, d'une recherche authentique. Jamais en tout cas la frustration, le masochisme alimentaire n'ont mené qui que ce soit à la sagesse.

Que l'on écoute ici encore le *Vijñâna-Bhairava* (49-72) : « Dans cet épanouissement d'allégresse que procurent la nourriture et la boisson, il faut s'adonner sans réserve à la plénitude éprouvée : ainsi l'on accédera à une félicité parfaite. » Que veut dire le maître du Cachemire ? Évidemment pas qu'il faut passer sa vie en ripailles et soûleries et sortir de table gavé comme ces Romains que nous ont peints Juvénal ou Pétrone. Il nous invite à extraire le *rasa* de ce que nous mangeons et buvons, à savoir le suc, la sève, la saveur, la quintessence alchimique. Car chez l'être affiné, qui a longuement travaillé sur lui-même, la bonne chère et l'alcool — goûtés bien sûr dans certaines circonstances et toujours dans une juste appréciation de leurs effets — n'alourdissent point le mental. Bien au contraire, ils « attendrissent » les *nâdî*, c'est-à-dire les courants subtils du corps énergétique ; ils conduisent, utilisés avec art, à une expérience d'ordre *spirituel* et non banalement sensuel. Point de vue tantrique, nous dira-t-on, et que sont loin de partager la majorité des maîtres hindous. Peu importe. Si les sons et les couleurs sont reconnus dignes d'une concentration de l'esprit, pourquoi n'en irait-il pas de même des saveurs et de ces jeux parfois étranges, profonds que permet une ivresse maîtrisée ?

Les loisirs, les jeux, les arts

Il n'existe pas de contradiction entre la pratique de l'attention et ce qu'il est convenu d'appeler les « loisirs ». Tout le monde ne trouve pas forcément plaisir au jeu d'échecs, qui est un exercice admirable, chacun le sait, de concentration. Mais il n'est pas un jeu, un sport, une activité corporelle qu'on ne puisse pratiquer « en conscience », ce qui ne diminue en rien la joie qu'on y peut prendre.

On observe que deux extrêmes sont également favorables à la concentration : la lenteur et la rapidité. Les arts martiaux de la Chine et du Japon nous prouvent que ces deux formes de mouvement sont non seulement bénéfiques mais ne se contredisent point. Un homme qui se sera consacré de longues années à la gestuelle lente, douce, légère du Taiji-quan sera parfaitement capable, s'il en est besoin, d'accélérer ses mouvements, voire de passer à des techniques de combat dures et foudroyantes. Même dans le fait d'aller jusqu'au bout de ses forces, dans les longues courses à pied par exemple ou les plongées sous-marines en apnée — du moins quand elles ne sont pas pratiquées dans un but de gloriole ou de compétition —, il peut exister une possibilité d'atteindre un état « non mental ». L'épuisement, la violence ne sont pas des méthodes que nous préconisons ici mais on ne peut nier que certains soient capables d'en tirer, paradoxalement, une paix de l'âme[1].

Mais de tous les moyens extérieurs qui mènent à l'installation profonde en soi, l'art, sous toutes ses formes, restera toujours le plus direct et le plus merveilleux. La seule exigence : l'aborder avec un esprit non encombré, sans surimposer à l'œuvre lue, vue, entendue un a priori idéologique, moral ou culturel quelconque. On remarque souvent des gens, dans les musées, qui foncent d'abord sur le nom du peintre écrit au bas du tableau, comme s'ils voulaient déjà adapter leur jugement au plus ou moins grand renom de l'auteur. Peu de personnes aussi savent écouter la musique sans faire autre chose, sans réfléchir, sans rêvasser, en se contentant de la *suivre* et peu à peu d'entrer en elle. En réalité on ne peut goûter l'art sans une certaine aptitude contemplative, sans un silence de la pensée superfi- cielle, une distance par rapport aux émotions conventionnelles et programmées. La mélodie entendue cent fois doit être écoutée comme si c'était la première. C'est d'ailleurs le propre du chef-

---

1. Le *Vijñāna-Bhairava* (95-*118*) fait allusion au parti spirituel que l'on peut tirer de certains états extrêmes ou de certaines situations dangereuses : vertige quand on surplombe un précipice, terreur quand on fuit un champ de bataille ou qu'on est poursuivi par un animal féroce. Il mentionne en outre (70-*93*) la douleur volontaire comme un moyen d'atteindre l'Éveil.

d'œuvre d'éternellement nous surprendre, sans possibilité ultime d'explication.

Les relations humaines

Quelle que soit la personne que l'on a en face de soi, on devrait chercher à percevoir son être vrai, et cela n'est évidemment possible que si l'on est soi-même vrai. Lorsque la relation est chargée de crainte, de menace, de calcul, une telle écoute devient difficile, voire impossible. Mais il y a toujours un effort à faire, même dans son propre intérêt, pour sortir de soi et essayer de se mettre à la place de l'autre. Toute intention égoïste de le changer n'aboutit généralement qu'à durcir ses défenses. Opposer une opinion à une opinion contraire, c'est une perte de temps pour les deux, à moins qu'ils n'aient un point de vue commun sur la relativité de toute opinion. Quand on observe par exemple un débat politique avec neutralité, on discerne vite que, profondément, ce ne sont point des idées qui s'affrontent ni des philosophies. Le plus souvent les adversaires appartiennent à la même espèce d'hommes, celle que le pouvoir passionne au-dessus de tout et qui sont prêts à plus d'un mensonge pour le conquérir ou le conserver. L'affrontement est purement énergétique et l'on serait bien naïf de l'interpréter en termes de « justice » et d'« injustice », de « bien » et de « mal ». Même dans les débats à prétention spirituelle ou théologique, le Diable — c'est-à-dire cette volonté de pouvoir — n'est malheureusement pas absent.

Beaucoup de gens qui vivent depuis longtemps ensemble ne se « voient » plus du tout. L'autre est devenu une forme, un objet à peine plus animé qu'une plante verte et parfois moins chéri qu'un animal domestique. Les regards ne se pénètrent plus sinon dans le halo d'un vague et sourd reproche : on ne reproche à l'autre que d'exister. Ses paroles sont attendues, ses réactions anticipées, ses gestes n'ont plus de charme. Si l'on allait jusqu'au fond des cœurs, on verrait que ce qui est secrètement souhaité — dût-on la pleurer quelque temps ensuite —, c'est la mort de l'autre.

À quel moment parents et enfants, maris et femmes, amis qui se croyaient si proches ont-ils cessé de se regarder, de s'écouter vraiment ? Ils ne sauraient le dire. L'attachement, l'esprit de clan peuvent même subsister, à la façon du lierre enfoncé dans l'arbre mort, alors même que l'attention a disparu. Hélas ! celle-ci ne revient presque jamais car plus on se désintéresse de l'autre, plus on lui en veut, et c'est un cercle vicieux.

Toutes ces observations pourraient nous emplir d'amertume si, positivement, elles ne nous incitaient à vivre sur un autre mode. On a déjà évoqué plus haut la fâcheuse contradiction qui existe chez certains entre un discours spirituellement sublime et un comportement quotidien qui ne force pas l'admiration. L'homme qui le matin s'assoit en lotus pour méditer et le soir se dispute avec sa femme ou répond impatiemment à son enfant devrait s'interroger. Comment puis-je trouver la paix intérieure si je ne me mets pas en paix avec les autres ? Réciproquement, comment atteindrais-je l'harmonie avec mon entourage si je suis divisé dans mon âme, si je suis mon premier et plus cruel ennemi ? Tôt ou tard, on est amené à examiner la question sous son double aspect. Cette volonté d'unifier l'esprit qu'est la concentration commence ou finit toujours par une pacification du cœur.

L'amour

On définit la méditation comme une concentration continue, sans faille, sur un point unique. On pourrait le plus souvent définir l'amour comme une concentration sur un être unique. Qu'elle soit spirituelle, affective, sensuelle n'y change rien. Tout — du moins au stade actuel de conscience de l'humanité — se ramène à cette unicité. Même l'amour mystique, destiné à s'élargir à la totalité du cosmos, part toujours d'une concentration de ferveur sur une seule divinité ou même sur un seul aspect de cette divinité. Sans cette focalisation puissante, dont la nécessité est d'abord technique, le cœur humain s'épuise, s'éparpille, se dilue. On peut considérer comme exceptionnel le cas de ceux ou de celles qui, au-delà de toute donjuanisme vulgaire, aiment l'amour pour l'amour et trouveraient dans la substitution quasi indifférente d'un partenaire à l'autre une expérience identique de félicité.

De même ce n'est qu'après avoir réalisé Dieu sous un seul aspect que l'homme devient capable de voir et de retrouver le divin partout et à tout instant.

L'expression populaire « tomber amoureux », évocatrice d'obsession, voire de passion fatale, s'applique pourtant assez mal à l'expérience que nous tentons de suggérer. Il s'agirait bien au contraire d'utiliser positivement cette prodigieuse concentration d'énergie que permet l'amour à tous ses stades : en son début quand il bouleverse tous les repères familiers en nous révélant une autre qualité vibratoire du monde ; dans l'absence douloureuse comme dans la présence fascinante de la personne aimée ; dans cet « intervalle entre le feu et le poison » dont parle le tantra, c'est-à-dire entre le surgissement du désir et sa satisfaction [1] ; dans le souvenir de cette dernière ; et dans mille autres « moments » indescriptibles de l'amour qui, s'ils ne sont pas subis passivement comme chez la plupart des êtres humains mais assumés en toute clairvoyance, dans une adhésion totale de l'esprit à la situation, peuvent conduire, plus spontanément que toute autre voie, au-delà du mental ordinaire. L'amour en effet « tue » le mental, et cela après l'avoir envahi,

---

1. La jouissance sexuelle représente toutefois, pour la plupart des mâles humains, un passage « hors de la conscience » (et non pas un état de supraconscience). Une certaine intensité vibratoire du désir, propice à la concentration et même à l'Éveil, est détruite par l'acte, ce qui explique partiellement le précepte tantrique : « Tu ne posséderas pas la femme aimée. » C'est pour des raisons énergétiques et nullement morales que certaines voies initiatiques sont allées jusqu'à recommander la chasteté absolue.

possédé avec l'intensité la plus extrême. C'est
pourquoi une personne engagée dans la recherche
que nous évoquons en ce livre ne devrait nullement
redouter de le rencontrer sur son chemin. Pour
reprendre l'expression populaire citée plus haut,
tout ce qui risquerait de « tomber » dans une telle
expérience, ce seraient les fausses certitudes de
l'ego, l'orgueil ascétique, toutes ces vaines écorces
qui recouvrent l'être profond.

En ce qui concerne l'union sexuelle, nous ne nous
donnerons pas le ridicule ici de vouloir donner des
conseils à quiconque. Il nous semble d'ailleurs que
c'est par la prise de conscience subtile de ses propres
sensations plutôt que par l'application mécanique
de « techniques » pêchées dans un livre ou une
revue que l'on peut le mieux pénétrer dans cette
voie. Laisser une sensation poindre, se développer,
s'épanouir, sans vouloir en « faire » à tout prix
quelque chose ; ne pas chercher toujours, par facilité, complaisance à repasser par les mêmes circuits
de plaisir ; n'éprouver aucune culpabilité ni mortifi-
cation si un jour, pour l'un ou pour l'autre, la
volupté est moindre ; vivre les émotions une à une
sans souci d'un « but » à atteindre ; sentir le souffle
de l'amour, ses sons, ses silences, comme si l'on
traversait une forêt ou comme si l'on s'immergeait
dans un océan ; saisir sur le vif tout désir et le
réaliser, s'il est réalisable, sans le laisser fermenter
ou pourrir dans les ombres de l'inconscient ; et
peut-être, plus que tout, conduire cette ascèse —
car c'en est une — dans la détente intérieure, le

détachement de soi, sans avidité ni vampirisme : voilà quelques-unes des suggestions qu'on pourrait risquer, loin de tout esprit de système ou de prosélytisme. Par une ironie de la vie, c'est souvent à l'âge où l'on serait le mieux capable, psychiquement, d'intégrer toutes ces attitudes que le corps perd de sa puissance ou de son charme. La jeunesse, généralement, est peu apte à cette voie, à moins d'une éducation traditionnelle comme celle qui a existé dans certains pays d'Orient. Elle exige plutôt la jouissance comme un dû ou bien souffrirait qu'elle soit trop séparée du sentiment. L'Occident possède une culture libertine, une riche tradition sentimentale aussi mais, à l'exception de milieux très fermés, elle n'a jamais créé d' « érotique spirituelle » analogue au tantrisme ou au taoïsme. L'association même de ces deux mots demeure impénétrable à la plupart des gens.

L'endormissement

Tout comme nous avons précisé combien l'instant de l'éveil était capital pour la concentration, nous invitons le lecteur à prêter une attention soutenue au moment où il s'endort. S'il réussit ce passage, son sommeil n'en sera pas troublé, bien au contraire, mais acquerra une qualité très supérieure[1].

1. Cf. notamment à ce sujet le *Vijñâna-Bhairava* (32-55, 52-75). Nous avons commenté ces deux versets dans *Cinq Visages de la Déesse*, p. 60-65.

Il faudrait, avant de se laisser glisser dans le sommeil, ralentir et apaiser le plus possible son souffle. Une méthode assez facile consiste à le vider en plusieurs fois avec des pauses régulières après chaque expiration, comme si l'on descendait un escalier en s'arrêtant toutes les deux marches : expirer sur deux battements de cœur, attendre deux battements de cœur sans respirer, expirer encore sur deux, attendre deux, etc., jusqu'à ce que, au bout d'un certain nombre de paliers, les poumons soient absolument vides. Attendre alors plus longtemps, s'installer dans le silence et la « nuit » mentale, avant de réinspirer profondément pour une nouvelle série. Cette succession contrôlée d'expirations et d'intervalles *égaux*, que les yogin appellent *viloma-prânâyâma*, sera bénéfique aux nerveux et aux insomniaques mais elle ne permet peut-être pas d'entrer dans le sommeil avec toute la lucidité, la calme énergie qu'il faudrait. Un travail ultérieur est nécessaire pour intérioriser, « subtiliser » le souffle en le dirigeant d'abord vers le centre supérieur du cerveau puis en le faisant redescendre dans le cœur comme au sein d'une caverne où brillerait un petit cercle de lumière. Il faudrait y pénétrer, le traverser : exploit paradoxal car qui serait trop tendu n'arriverait pas à s'endormir, qui serait trop abandonné vivrait le passage dans l'inconscience. Mais celui qui parviendra à cet état non logiquement explicable aura un peu l'impression de traverser la nuit comme on passe un long fleuve tranquille à bord d'un radeau. Il abordera à l'autre rive avec un corps parfaitement reposé et un mental immédiatement frais et disponible.

Qu'en sera-t-il si, durant la nuit, on rêve ? On le saura et, au lieu de subir passivement cet état onirique, il deviendra possible de le diriger d'une manière plus ou moins complète. Mais c'est là une recherche très délicate, que nous ne conseillerons à personne d'aborder s'il ne possède pas déjà d'une part une longue familiarité avec ses rêves, d'autre part une ferme pratique de la concentration éveillée. Il y faut en outre une absolue pureté d'intention, car le pouvoir de dissocier consciemment et activement son corps subtil de son corps grossier appartient tout aussi bien au yogin et au magicien. Une vibration d'une intensité particulière [1], parfois une coloration très vive et brillante des images mentales nous avertissent, lors des premières tentatives, de l'approche de cet état. L'occasion passe généralement très vite, par manque de recueillement ou excessive avidité de l'ego qui voudrait aussitôt s'emparer de ces possibilités exceptionnelles pour assouvir tel ou tel désir. Il faut en quelque sorte parvenir à prendre les rênes de ce « char de feu » que représente le corps d'énergie, avant de le conduire là où l'on veut. Mais il n'est pas assuré

1. Cette vibration, indice d'un accès à la dimension subtile, se manifeste aussi dans certaines situations privilégiées de la vie éveillée, notamment dans l'amour, la création artistique, en présence de saints et de sages. Tout à la fois la vie s'accélère, s'allège et le temps paraît s'arrêter. La volonté individuelle s'efface devant une énergie impersonnelle et irrésistible.

qu'une personne ayant acquis cette faculté paranormale trouvera nécessairement un intérêt à l'exercer, une fois épuisé peut-être le charme des premiers envols. On doit savoir en outre que ces pratiques ne sont pas sans danger. Chacun du moins aura les perceptions qu'il mérite. L'homme pur verra peut-être des anges, l'homme pervers rencontrera des démons. Le simple imprudent risquera surtout d'être ballotté dans cet océan comme un bateau ivre.

Émotions et passions

Nous avons jusqu'ici surtout envisagé la concentration par rapport à des situations « objectives », les unes rituelles ou méthodiques, les autres vitales ou quotidiennes. Reste bien entendu un champ énorme que ne pourra jamais couvrir l'étude la plus exhaustive : c'est celui de l'inattendu, autrement dit des émotions qui surgissent hors de toute stratégie ou de tout programme. On ne peut pas prévoir par exemple comment l'esprit réagira en face d'un accident physique, d'un deuil, d'un événement qui vient déchirer de fond en comble notre vie. Un homme que l'on torture peut-il garder l'intégrité de son âme et réduira-t-il ou transformera-t-il sa douleur en concentrant tout ce qui lui reste d'énergie mentale vers elle ou vers « autre chose », s'il y a encore place pour autre chose ? Dépasse-t-on une souffrance, quelle qu'elle soit, en y résistant à la façon des stoïciens ou en l'acceptant, en allant contre elle ou en allant *avec* elle et, plus loin encore qu'elle, au-delà[1] ? Aucune réponse universelle ne saurait être donnée à ces questions puisque l'on constate que des épreuves apparemment banales ont détruit des âmes que l'on croyait bien trempées alors que des malheurs dont l'idée même est insupportable ont révélé des capacités méconnues chez des êtres que l'on jugeait à tort ordinaires et « moyens ».

En ce qui concerne les émotions les plus fréquentes — telles que la peur, la colère, la joie, la tristesse, l'anxiété —, il faudrait, dans la mesure du possible, s'efforcer de les vivre, presque de les « attirer », sur un plan énergétique, voire « élémentaire », et non point mental ou moral. Le maître ch'an Lin-tsi, par exemple, nous ouvre des possibilités de ce genre : « Quand vous avez une pensée de doute, c'est que vous êtes obstrués par la terre ; quand vous avez une pensée d'amour, c'est que vous êtes submergés par l'eau ; quand vous avez une pensée de colère, c'est que vous êtes brûlés par le feu ; quand vous avez une pensée de joie, c'est que vous êtes emportés par le vent. Si vous êtes capables de reconnaître cela, vous ne serez plus actionnés [mis en fonctionnement] par les objets, mais c'est vous qui partout *vous servirez* des objets[2]. » Le

---

1. C'est ce que font spontanément les enfants qui exagèrent volontiers leurs douleurs comme ils nous paraissent s'abandonner à des joies démesurées. Les adultes y voient à tort une propension à la « comédie » alors qu'il s'agit peut-être d'une sagesse instinctive.

2. *Entretiens de Lin-tsi, op. cit.*, p. 83-84.

tantrisme de son côté nous engage à ne pas laisser nos émotions nous emporter à la dérive mais à nous en saisir et à les utiliser positivement (ce que nous avons déjà vu à propos du désir amoureux). Il ne s'agit donc pas ici de refuser l'accès de la conscience à des pulsions, à des sentiments que l'on ne peut pas ou ne veut pas satisfaire. Bien au contraire, efforçons-nous de les *voir* dans une lumière plus intense et plus crue. Et si nous choisissons ensuite de les « refouler », c'est en un sens très spécial et pour ainsi dire technique, afin d'en tirer un surcroît d'énergie. C'est bien ce que vise le *Vijñāna-Bhairava* quand il nous dit (78-*101*) :

« Si l'on réussit à stabiliser son intellect (*buddhi*) alors qu'on est la proie du désir, de la colère, de l'avidité, de l'égarement, de l'orgueil, de la jalousie, l'immuable Réalité de ces états subsiste seule. » « Stabiliser son intellect » signifie en cet endroit l'introvertir, et d'une façon rapide, sans faiblesse, pour remonter en quelque sorte le flot des passions jusqu'à leur source qui n'est qu'Énergie pure, *Shakti*. Cela demande — mais développera aussi beaucoup — une attention très aiguë aux modalités vibratoires des émotions, aux « couleurs », aux « sons » et même aux « odeurs » et aux « saveurs » propres à chacune. On apprendra à sentir sur le vif à quel organe, à quel viscère chacune est plus spécialement reliée, où cela nous attaque et par quels circuits cela prend possession de nous. Une telle observation vaut sans doute mieux que tant de réflexions abstraites sur la peur ou le désir. On parviendra ainsi à objectiver ces forces intérieures sur lesquelles la psychologie et la morale ont peu de pouvoir car elles se contentent de les expliquer ou de les juger sans nous donner les moyens de les saisir charnellement. Et l'on ne trouvera plus scandaleuse la remarque paradoxale du maître ch'an Chen-houei : « Ce sont la luxure et la colère mêmes qui sont la Voie. »

Tout ceci pourrait se ramener à un « bon usage » des passions, voie à égale distance du consentement veule et du refus ascétique, point miraculeux où l'énergie la plus intense et le détachement le plus profond coïncident. C'est là l'achèvement de l'art de la concentration, la limite fulgurante où il peut basculer dans l'Éveil.

VERS L'ÉVEIL

Les adversaires de la concentration présentent volontiers celle-ci comme une méthode « policière » qui matraque tous les objets qu'on ne veut pas voir. Ils lui opposent l'attention souple, ouverte, non dirigée qui se contente d'épouser les vagues de la vie « sans choisir ». Nous pensons que c'est là une mauvaise querelle. Non seulement les deux pratiques se rejoignent mais la seconde, comme la première, peut avoir son excès. De même que la concentration volontaire sur un seul point peut aboutir — on l'observe chez les spécialistes de certaines sciences — à l'étroitesse, au dessèchement, voire à la manie, de même une attention trop fluide, trop vague peut tomber, à force d'inconsistance, dans un quiétisme insipide, sinon dans un

néant pur et simple. En ces milieux on nous répète
comme une rengaine de « lâcher prise ». Mais pour
lâcher efficacement encore faut-il avoir serré le
poing sur quelque chose ; pour renoncer à ses
richesses encore faut-il en avoir. Un enfant doit
d'abord se construire avant de découvrir peut-être
un jour, adulte, que toutes les structures sont
illusoires, que la véritable liberté se situe au-delà de
l'éducation, de la culture, de la famille, de la patrie,
de la mémoire sous tous ses aspects. Si on le lui
révélait trop vite, trop brutalement, on créerait chez
lui une inutile et dangereuse angoisse en lui retirant
d'avance toute énergie pour trouver sa place au
soleil.

L'essentiel, nous semble-t-il, est de maintenir
l'esprit alerte, disponible, « tout vif comme le
poisson qui saute dans l'eau » — selon l'expression
de Lin-tsi —, soit pour un exercice régulier tels
ceux que nous avons analysés dans les deuxième et
troisième chapitres de ce livre, soit pour un art de la
concentration dans la vie qui, finalement, peut se
confondre avec un véritable art de vivre. Même
ceux qui rêvent d'un Éveil abrupt, spontané
devraient l'entendre : la lumière ne peut éclater
dans un mental trouble, opaque, hésitant. Elle
surgit subitement, certes, souvent déclenchée par
un événement extérieur, voire insignifiant, tout
comme ces révolutions historiques dont on dit
qu'elles ont « commencé » tel jour à telle heure.
Mais que sait-on des longues années d'ombre et de
doute qui ont précédé l'Éveil, des terribles combats

gagnés ou perdus par ceux qui nous semblent privilégiés par une grâce inexplicable ?

Comme disait le bon Lin-tsi quand il avait fini de prêcher la spontanéité totale : « Que chacun fasse effort ! Salut ! »

Hiver 1990

TABLE

« *Espaces libres* »
au format de poche

La composition de cet ouvrage
*a été réalisée par l'**Imprimerie Bussière,***
l'impression et le brochage ont été effectués
sur presse Cameron
*par **Bussière Camedan Imprimeries***
à Saint-Amand-Montrond (Cher),
pour le compte des Éditions Albin Michel.

Achevé d'imprimer en juin 2003.
N° d'édition : 21851. N° d'impression : 032528/1.
Dépôt légal : septembre 1992.

Imprimé en France